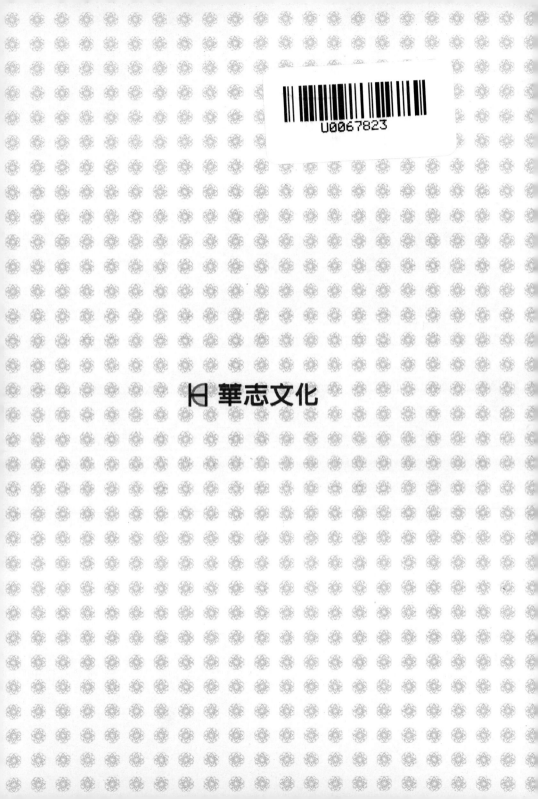

U0067823

華志文化

華志文化

跟君子有約
在全球化風險中找出路

周慶華◎著

一、郁郁乎文君子VS.鄙野小人：中國傳統氣化觀型文化的一個爭勝點
二、君子修養VS.紳士培訓：中國傳統氣化觀型文化的更勝期待
三、君子應然義VS.小人實然利：中國傳統氣化觀型文化的一個揮擊點
四、君子仁愛VS.教徒博愛：中國傳統氣化觀型文化的一個優著點
五、君子人智VS.哲人神智：中國傳統氣化觀型文化的殊異變項
六、君子德行從新高揚的質能轉換式配備：中國傳統氣化觀型文化重建方向
七、君子氣節的歷史演繹：中國傳統氣化觀型文化的一個權變課題
八、君子在表現系統的雅緻身分塑造：中國傳統氣化觀型文化的渡世承擔
九、君子的行動系統夢想：中國傳統氣化觀型文化的時代推衍
十、君子碎義逃難的補白問題：中國傳統氣化觀型文化的新挑戰

書內容簡介

　　君子德行及其作務仁政，所體現中國傳統氣化觀型文化特能縮結人情／諧和自然此一精神特徵，古來始終爲人類社會的長治久安提供了相當程度的保障。但很遺憾的，從近世起崇尚戡天役物的西方創造觀型文化以挑戰自然／媲美上帝姿態橫掃全世界，也迫使國人凜於它的威力轉而傾心相隨，正在同蹈生態崩毀的不歸路。爲了挽救眼前的危殆，大家勢必要自西方人所興作帶動的全球化迷夢中覺醒，從新習取君子的人格型範以爲自渡益世，一個逆反能趨疲（entropy，熵）而可安居樂業的平和國度庶幾可望。

作者簡介

　　周慶華，文學博士，曾任臺東大學語文教育研究所所長，現已退休。著有《生態災難與靈療》、《文化治療》、《走訪哲學後花園》、《死亡學》、《靈異學》、《後宗教學》、《後佛學》、《語文符號學》、《身體權力學》、《中國符號學》、《反全球化的新語境》、《解脫的智慧》等六十多種。

後全球化思潮叢書企畫

　　西方人所主導全球化的人口、金融、資訊科技和商品等流動現象的全球化風潮，在歷經幾個世紀的衝撞後已經快到強弩末端了。而當今許多綠能經濟的倡議，以及諸如中國、印度、巴西和非洲等的崛起，不啻在預告全球化必須走向下一步「後全球化」了。只不過綠能經濟所強調的再利用和開發新能源等觀念和作為，僅是轉成綠色資本主義還是老套，並非真有助於終結能趨疲（entropy，熵）的危殆；而第三世界的崛起，儼然一切以重構文明或再造文明的新意識在主導經濟和科技的運作，但情況卻無法這麼樂觀，因為西方強權所帶動的全球化就要耗用完地球的資源，第三世界崛起除了拾人唾餘，還得分攤環境汙染和生態失衡等後果，根本沒有什麼遠景可以期待。因此，所謂後全球化的後，它的意義就得越過這一新經濟和西方強權轉弱的假象而從逆反全球化來確立。

　　逆反全球化，在當今已有遍布於世界各地的原始主義、社會改良主義、民族主義、原教旨主義和馬克斯主義等在策畫行動，但實際上它們被操作時僅是消極抵抗或不附和而未能極力批判，到頭來都成了全球化的組構成分而欲後無由。畢竟全球化背後的資本主義邏輯和軍事或文化殖民的征服等因由，才是當中的關鍵，反全球化就是要以它為對象；而如今所見的相關作為卻都是以另起類似的因由在籌謀對策，自然罕有成效可說。因此，只有徹底逆反全球化，才是大家能夠繼續在地球上存活的唯一保證。

　　基於這個前提，後全球化必須有周密且強而見力的思維來領航，以便人類知所從新安頓生命和永續經營地球等，開創性自是此

中最大的期待。以至這裏就有了後全球化思潮叢書的企畫構想，凡是直接思索後全球化當如何的，或者可以跟後全球化需求相涉相發的，或者看似有距離實是在引領新一波思潮的專著，都竭誠歡迎。

　　在直接思索後全球化當如何的和可以跟後全球化需求相涉相發的專著部分，乃依需訂題；而在看似有距離實是在引領新一波思潮的專著，則可取例如下：新符號學、新敘事學、新語言學、新詮釋學、新宗教學、新倫理學、新形上學、新儒學、新道學、新佛學、新仙學、新神學、新靈學、新文學學、新藝術學、新美學、新科學哲學、新知識學、新政治學、新經濟學、新資訊學、新電影學、新趨勢學、新人學、新物學、新心學、新宇宙學、新生命科學、新老人學、新環境生態學等。

編輯部

序：挽救全球化的危機

　　西方人所主導全球性的人口、金融、資訊科技和商品等流動現象的全球化風潮，在歷經幾個世紀的衝撞後已經快到強弩末端了。而當今許多綠能經濟的倡議，以及諸如中國、印度、巴西和非洲等的崛起，不啻在預告全球化必須走向下一步了。只不過綠能經濟所強調的再利用和開發新能源等觀念和作為，僅是轉成綠色資本主義還是老套，並非真有助於終結能趨疲（entropy，熵）的危殆；而第三世界的崛起，儼然一切以重構文明或再造文明的新意識在主導經濟和科技的運作，但情況卻無法這麼樂觀，因為西方強權所帶動的全球化就要耗用完地球的資源，第三世界崛起除了拾人唾餘，還得分攤惡化環境和摧毀生態等後果，根本沒有什麼遠景可以期待。因此，所謂後全球化的後，它的意義就得越過這一新經濟和西方強權轉弱的假相而從逆反全球化來確立。

　　逆反全球化，在當今已有遍布於世界各地的原始主義、社會改良主義、民族主義、原教旨主義和馬克斯主義等在策畫行動，但實際上它們被操作時僅是消極抵抗或不附和而未能極力批判，到頭來都成了全球化的組構成分而欲後無由。畢竟全球化背後的資本主義邏輯和軍事或文化殖民的征服等因由，才是當中的關鍵，反全球化就是要以它對象；而如今所見的相關作為卻都是以另起類似的因由在籌謀對策，自然罕有成效可說。因此，只有徹底逆反全球化，才是大家能夠繼續在地球上存活的唯一保證。

　　換個角度看，全球化真正的動因始終很少被察覺，致使反全球化就只能在表面的作為上給予抵制，根本無力在深層的信念上加以

掀揭批判。很多人都知道全球化不是到了晚近才開始，它從十九世紀以來逐漸發生的跨國貿易和資金勞工的流動、甚至幾度的金融危機時期就出現了。這是無可懷疑的事；但當真要說有全球化的事實，還可以遠推到十六世紀宗教改革後一併興起的殖民主義和資本主義。基督教新教徒憑著他們「因信稱義」的信念，脫離舊教會的束縛，由於社會地位低落（而非上層社會的既得利益者），必須以快速致富的方式來改善處境，所以促成了資本主義的興起；爾後為了更能取得存在的優勢，連帶地到世界各地掠奪資源和建立根據地而造成殖民主義的隆盛（當今的美國和加拿大，就是被新教徒征服後興建的國家），而全球化也就從此時陸續的展開，迄今都不見平息當中藉別人的資源來實現自己「致富美夢」的優著氣燄。而新教徒所以會走到這個地步（舊教徒後來也紛紛受到刺激而跟著張揚起來），關鍵就在他們所信守的原罪觀念。換句話說，原罪教條的訂定，勢必會影響到新教徒贖罪的恐懼（駭怕回不了天國）而恆久的不安於世。而緣於贖罪的必要性，一種深沉的塵世急迫感也悄悄的孳生，終於演變成要在現世累積財富兼及創造發明（包括哲學、科學、文學、藝術和制度／器物等等的建樹翻新）來榮耀上帝並藉以獲得救贖；尤其在資本主義和殖民主義矯為成形後，更見這種過度的煩憂（相對的，同樣源自希伯來宗教的猶太教和伊斯蘭教，在它們流行的地區，因為沒有強烈的原罪觀念或甚至沒有絲毫原罪觀念，所以就不時興基督教徒所崇尚的民主制度、科學至上和資本主義／殖民主義等行徑，以至相關的成就就沒那麼耀眼）。因此，它所體現的創造觀這一世界觀，就正好支持了它要以創造來回應上帝造人而人負罪被貶謫到塵世後尋求救贖的必經途徑。但可歎的是，非西方社會中人原不是這種信仰，卻在人家一番傾銷後迎合了上去，導致世界日漸

一體化在窮爲耗用地球有限的資源。就因爲這耗用地球有限資源而引發資源枯竭、環境汙染、生態失衡、溫室效應、臭氧層破洞和核武恐怖等後遺症，所以必須以反全球化來緩和能趨疲的危機和挽救世界的沉淪！

　　既然要反全球化，那麼全球化就不能再看著它延續，而必須讓時序推進到後全球化時代。這是從現在漸漸廣見的反全球化思潮加碼（也就是知道轉批判西方人遺禍地球的根本原因而促其調整信念）後所期待實現的，雖然還不到時候，但在實質上只要有相關的理念發出了，遲早就會看見迴響。這是說因爲內裏所稟乃一如混沌理論所示的非線性秩序觀，以及複雜理論特別准許的走在混沌／秩序邊緣和小世界理論後揭發的有限連結等信念，只在意該理念變項即時介入而寄望它能廣爲發生媒因（meme，瀰）影響全局的作用，但不在具體行動上重蹈強爲傳播以片面或定點落實而徒惹殖民災難的窠臼，所以在未來的日子裏此一「合理邀約」諒必不乏同樣心有戚戚焉者願盡出餘力相助。屆時縱然只有一人先行迴響，也可能因此漸行產生蝴蝶效應而開啓新一波反全球化的旅程。

　　基於這個前提，後全球化的「後」思維就得有東西來塡補反全球化所會出現的思想空缺。而這在我們必要凸顯主體的立場，一定是先由自己採取行動來回應。因此，情況緊急，所能想及最方便致效的「新變途徑」，則無處是在復振深化可以衍爲舉世滔滔暴亂安全閥的君子作務。它以內質義外飾禮孫信該一文質彬彬的節操面世，而後能够上契爲施展「推己及人」和「博施濟眾」的仁政（該博施濟眾乃指將現有資源予以最高效率的運用，而不同於西方文化一味戡天役物以便享福的功利作爲），全然可以體現一個但務縮結人情／諧和自然的節欲式氣化觀型文化形態，在扭轉緩和西方那一強顯挑

戰自然／媲美上帝（榮耀上帝居前）縱欲式創造觀型文化的蹙迫壓力和迷狂興作上特別有可預見的功效。也因此，即使現今海峽兩岸都棄守己身所屬自有優越性的文化傳統，看似就要跟隨他人沉淪到底了；但只要該文化因子還在，再加上自我意識的普遍覺醒，總有一天會看到它從新昌皇，並且滴水穿石般的渡化了這個世界。

周慶華

目　次

強化篇

導論：君子德業的從新開張

　　不妨這樣設想：在我們日常生活中誰發揮了安定社會的力量，答案一定是君子，而不可能是小人。再這樣設想：在我們歷史傳統上誰保障了清明政治的實現，答案也必然是由君子晉身的仁者或聖人，而不會是暴君或昏君以及貪官汙吏。這也就是《論語》經典所呈現的，上頭儘有孔子貶斥過的斗筲小人和不君不臣，但可感的絕對是經他讚美的現時君子和先代仁聖。想必後者的存在，已經把後人亟欲高潔的心靈提振了又提振（即使此地「一定」、「必然」和「絕對」等用詞可能有人會給它打折扣），從而一概知所進德修業的方向。

　　這就是作為德行起點的君子魅力（仁者聖人都得先當好君子才有可能修鍊成就，他們的魅力要在轉升大家一層眼光或間接傳出名聲後才會被真實感知）。該魅力所從來的人格型範始於孔子的極力模塑，而後繁衍成一股或鬆或緊體證道德的潮流，早已是中國傳統氣化觀型文化最能表現專屬別他的綰結人情／諧和自然此一精神特徵所在。這在面對近世以來標榜挑戰自然／媲美上帝色彩的西方創造觀型文化橫掃全世界而造成生態大劫難上，本是最足以藉為刊削轉化而還給人類一個可以安居樂業的環境；無奈國人卻凜於對方的威力，盲目的傾心相隨，而將自我傳統的所有體制及其貫串當中的君子德業想望拋捨殆盡，以至如今還在隨人浮沈而莫知所向。這所損失的不只是自己已無處安身，還有舉世也因缺少制衡力量徒讓能趨疲（entropy，熵）臨界點逼近而斷送了存續生靈的希望！因此，試為召喚永遠不會用於戕天役物而致遺災禍連緜的君子德業，並且全面應驗於生活各層面，也就成了此生最該也最值得致力的一件事。

　　現在有關這條必要淑世的理路，就由本書來初為發凡：首先，中國傳統有聖人、仁者和君子等三種人格典型，當中君子最常見義轉情況，而終於在變成有德者的專稱後，相關的德行型範特別足以為全民所擔負。尤其是他透過跟鄙野小人的對比來顯能，以具備郁郁乎文的特徵行世，而可以作為國人德行內發外發的最大薪嚮，從而使禮樂制度的建立及其文化傳承成為可能。因此，寄望君子德行的發皇，就成了在傳統氣化觀型文化底下為達縮結人情／諧和自然目的且向精神上聖王仁君途徑去轉益多姿的憑藉。如此一來，一個淳善社會的基礎可以穩固，而有餘力又能以此為爭勝點，對治西方創造觀型文化所見挑戰自然／媲美上帝作為所遺留戡天役物的諸項禍端。

　　其次，中國傳統氣化觀型文化所蘊涵君子此一人格，以自我修養進益為薪嚮，早已卓立於世且大可從新作用於現今社會而發揮濟渡功能。相對的，西方創造觀型文化所蘊涵紳士此一層級，以高度培訓來充當政治菁英為宗旨，卻又不免大為變質而繁衍為主宰全球化的運作，從此殖民災難和耗能危害世界等禍事不斷。兩相對比，重振君子德行以拯救眼前的危殆，也就正是時候，足證中國傳統氣化觀型文化乃因此而可見更勝期待。

　　再次，義，指合宜，為應然德行且多見於君子的信守；利，指饒益和貪求，為實然生性且多見於小人的迷戀，二者截然相戾。古來多有為此而發的「義利之辨」，且經不斷擴充義利範域，已自成一道捨利取義的光譜。由於捨利取義不論在現實面和理想面都有它的重要性，所以想維持秩序化的生活和建立良善美好的政體，都必須將它懸為最高鵠的，才庶幾有望。此外，面對西式功利主義橫行而造成舉世危殆的窘況，也只有仰賴此應然義和實然利的不可通約來

踐履救渡，終而顯示中國傳統氣化觀型文化必要重光於世的最新節概。

再次，仁愛作爲中國傳統氣化觀型文化最高的道德準則，從近代以來一直受挫於西式博愛觀念及其行事的衝撞擾亂，已到幾近要「退藏於密」的地步。而它又不能不從新張揚，以爲挽救世道的淪胥；以至在面對地球頻遭西方創造觀型文化蹂躪摧殘馴致能趨疲危機深重的後全球化時代，仁愛此一縮結人情／諧和自然的可通行的道德特性，就成了首要召喚踐履的對象，從此顯著爲氣化觀型文化在益世上的一個優著點。

再次，中國傳統氣化觀型文化體現爲君子人智的發用，早已在維繫社會秩序和營造諧美生活上起著莫大的功效。不意這到了近世遭致西方創造觀型文化體現爲哲人神智的發用屢次威逼摧抑，而從此湮沒不彰。但所經過舉世一體西化後越見資源短缺、生態失衡、環境汙染、臭氧層破洞、溫室效應和核武恐怖等能趨疲危機，卻無法再從哲人神智處獲得解除藥方。此刻重振君子人智的益世經驗，而轉覷見中國傳統氣化觀型文化有這一殊異變項可以著眼，乃挽救世界頹敗沈溺的最大契機。

再次，孔子所睿智模塑的君子型範要在現實中體現，由於關係何處實踐及其所衍生效率評估體制化的提示闕如，使得此道始終不見普遍響應而有需要透過質能轉換式配備來使它從新高揚。此乃中國傳統氣化觀型文化重建的契機，成功了就可以最大對治導致全球性生態災難的西方創造觀型文化，而實地挽救世界免於滅絕的噩運。

再次，眾所周知的君子守節，還得面臨境遇考驗，而讓權變一理繼出調節始能應付全德。該權變在向道德光譜的正面施展後，相

關的止限則在輕重緩急的抉擇間劃定範域。而此成論後，可發爲系統內的歷史演繹；並且在對比他系文化中，更確信中國傳統氣化觀型文化所蘊涵君子氣節必要權變課題已自我保障，頗可以促成它重現彰明於天下，以爲濟助有情而使大家脫離生命的坎陷苦厄！

再次，西方創造觀型文化狂悖張揚所軋進的各種審美創新體驗，已經隨著該強權興作帶動資本主義全球化和殖民征服等災禍弊端而四處流播，舉世再也沒有安和樂利的明天可以想望。補救之道，只有從新召喚中國傳統氣化觀型文化所內蘊君子雅緻身分的塑造，透過此一諧和式美感的助力，在政治／經濟／社會等層面展現雍容華蔚且無所耗費的施作能耐，一個足以永續經營地球的大同理想方爲連帶可期。而如此的渡世承擔，也因爲有對比取能的前提，所以它就自然升格爲終極性的保證，很可以促使普世人一起來習取見效。

再次，君子從自備內質義外飾禮孫信等文質彬彬身分並兼及才藝美化增價後，他就得轉此「獨善其身」爲「兼善天下」來顯能，以了卻或完滿一己的在世存有性。而這在用世連結方面，則又以契入仁者聖人行列演出實質「推己及人」／「博施濟眾」的仁政作務爲上達標的。據此可發展爲行動系統夢想，以爲對治當今緣大意西化普施科學／民主／資本主義等策略而引發的各種不適應症及其禍害連縣，而使中國傳統氣化觀型文化因有此一內蘊潛能大可在時代中推衍成真。

最後，君子話題乃孔子設說最見精微的項目，自古以來固然得到廣大的迴響，但有關它原先的精神意蘊卻流失了不少：不僅孔門弟子沒能盡了君子布義，連後世累代好學者也都是別爲衍說或不再強見君子議題，馴致今人在面對外來文化衝擊本要重拾君子仁政以

為因應的卻一逕的碎義逃難。因此，試為補白來對治西方創造觀型文化橫掃全世界所造成史無前例的生態大浩劫，也就成了中國傳統氣化觀型文化的新挑戰：只許成功，不能失敗；否則大家得繼續深陷此劫難中終至覆滅！

　　這所縮合為十個篇章的，前五章乃透過對比而顯能；後五章則在強化所能且間有對治議定，總以念茲在茲君子德業的從新開張為所計慮。內裏多有人類前景繫於僅此一役的諍言及對策提供，還在迷戀西式文化而不辨世界即將毀於一旦警訊的人，當從此地悟得徹底改造自我的途徑；錯過了機會，隨著生態崩盡地球陷於一片死寂的噩夢很快就會來臨。

對比篇

第一章　郁郁乎文君子VS.鄙野小人：
中國傳統氣化觀型文化的一個
爭勝點

一、君子何許人也

喜愛抬槓和挑戰權威的宰我，有一次逮著機會又想給老師出難題；但一樣的孔子仍以四兩撥千斤方式駁了回去：

> 宰我問曰：「仁者雖告之曰『井有仁焉』，其從之也？」子曰：「何為其然也？君子可逝也，不可陷也；可欺也，不可罔也。」[1]

在這裏，孔子把宰我「妄自指稱」的仁者拉下來，暗示他入井救人，君子就足以擔當。即使是這樣，作為一個君子，也不能不分青紅皂白就上當而胡亂踐行善舉。

顯然在孔子的觀念裏，君子是有別於仁者的。此外，君子也不同於聖人。所謂「聖人，吾不得而見之矣！得見君子者，斯可矣」[2]，這是孔子的話，他將聖人更推往極致（詳後）。從此有了三種人格典型，依次為聖人／仁者／君子。

當中君子，最常見義轉情況。據早期文獻所示，古代的諸侯又稱君，如「爾庶邦君」[3]、「邦君諸侯」[4]和「邦君之妻，君稱之曰夫

---

[1] 邢昺，《論語注疏》，十三經注疏本，臺北：藝文印書館，1982年，頁55。

[2] 邢昺，《論語注疏》，頁63。

[3] 孔穎達等，《尚書正義》，十三經注疏本，臺北：藝文印書館，1982年，頁191。

[4] 孔穎達等，《毛詩正義》，十三經注疏本，臺北：藝文印書館，1982年，頁410。

人」[5]等都是。所以國君（諸侯）的子嗣，就稱作君子。還有古代國君的子嗣都可以爲大夫，以致又有大夫君子連稱的情況。如「大夫君子，無我有尤」[6]和「大夫君子，昭假無贏」[7]等都可以爲證。

縱是如此，《詩》、《書》所載的君子甚多，不盡可以國君子嗣來解釋。如「未見君子，寺人之令」[8]，此君子好像指秦君；又如「庶士，有正，越庶伯君子，其爾典聽朕教」[9]，此君子好像指跟伯同等級的。這很可能是古代王稱「大君」，而他所封諸侯中子嗣部分就稱君子，爾後不是他子嗣的也冒稱君子，所以有這樣名號紊亂的現象。

以前君子得以爲大夫，致使君子就成了爵位的通稱。後來爵位旁落，士人躋升爲大夫，也稱君子。像《論語》載子游語「昔者偃也聞諸夫子曰：『君子學道則愛人，小人學道則易使也。』」[10]子游（當時爲武城邑宰）以君子自比，很明顯這一君子不是指國君子嗣。

然而，後人爲什麼專稱有道德的人爲君子？這大概跟古代的國君子嗣從小得以受教有關。古人以木簡書寫，板冊昂貴繁重，民間不容易購買庋藏，只有官家能大量擁有，而國君子嗣近便閱讀，於是多變成知書達禮的人。雖然經過環境變遷，爵位不保，但德行常在。後世稱人爲君子，就是沿襲德行一義[11]。

二、君子必要取代仁者聖人受關注的理由

---

[5] 邢昺，《論語注疏》，頁 150。
[6] 孔穎達等，《毛詩正義》，頁 126。
[7] 孔穎達等，《毛詩正義》，頁 663。
[8] 孔穎達等，《毛詩正義》，頁 233。
[9] 孔穎達等，《尚書正義》，頁 208。
[10] 邢昺，《論語注疏》，頁 154。
[11] 參見周慶華，《文苑馳走》，臺北：文史哲出版社，2000 年，頁 181～182。

　　從爵位義轉到德行義，並將該德行義予以強化而嘗試塑造一種帶文化性且可蘄嚮的人格典範，關鍵就在孔子。就像聖人和仁者率先得到孔子的模塑而有一具體的形象，君子也緣於孔子的賦予性徵而開始繁衍成一股潮流，不但先秦諸子多有取以為論說，連後世各種涉及倫理課題的著述也無不要傾力相挺，儼然是一個國人體證道德的核心歸趨。

　　君子固然有這一被取論體證的優勢，但我們也別忘了，在君子上頭還有仁者和聖人兩種典型，他們原該要受到大家的崇仰而更事於追求。只是仁者的「推己及人」式盛德和聖人的「博施濟眾」式善政[12]，都有待特定人去成就（前者如想愛人的人；後者如想當王或國君的人）。而這連孔子都不敢擔當此任：

　　　子曰：「若聖與仁，則吾豈敢？抑為之不厭，誨人不倦，則可
　　　謂云爾已矣。」[13]

這是實在話。其他勤學誨教不如孔子的人，就更不用說了。所謂「子曰：『回也，其心三月不違仁；其餘，則日月至焉而已矣。』」[14]，存仁心都已罕見如斯，那要踐履仁行甚至聖政就更杳渺難尋了。

　　當然，君子在成就一己的德行後，他還可以進益去修養而成為仁者或聖人。這也就是子路在問如何成就一個君子，孔子所回答他

---

[12] 《論語》載「子貢曰：『如有博施於民，而能濟眾，何如？可謂仁乎？』子曰：『何事於仁，必也聖乎，堯舜其猶病諸！夫仁者，己欲立而立人，己欲達而達人。能近取譬，可謂仁之方也已。』」（邢昺，《論語注疏》，頁55）這在區別聖人和仁者及其政德上，最為顯著，無位無志的人確是難以企及。因此，孔子說他不敢擔當此任，就不純是客套話。

[13] 邢昺，《論語注疏》，頁65。

[14] 邢昺，《論語注疏》，頁52。

的那樣：

> 子路問君子。子曰：「修己以敬。」曰：「如斯而已乎？」曰：
> 「修己以安人。」曰：「如斯而已乎？」曰：「修己以安百姓。
> 修己以安百姓，堯舜其猶病諸！」[15]

所謂「修己以敬」，是在範鑄君子行徑；而「修已以安人」，則是在提示進趨為仁者盛德；而「修己以安百姓」，乃是在明著臻為最終聖人善政（而這即使是堯舜那個時代，他們也會遺憾自己做不到這個地步）。可見君子是一個能夠「轉益多姿」的高格者；而他在不被進一步期待時，也可說是每一個成人所得睟面盎背且施於四體的德行型範[16]。

這麼一來，仁者和聖人兩趨，自然就要理想高懸，給予有能耐的人在處境居位時盡力去實踐；而所剩君子一途，則為全民可以擔負也必要擔負，因為「君子不憂不懼」、「君子憂道不憂貧」、「君子不器」、「君子恥其言而過其行」、「君子疾沒世而名不稱焉」[17]……沒有一個人有辦法乖違君子德行而還可以坦蕩蕩活在這個世界上。

三、透過跟鄙野小人的對比來顯能

---

[15] 邢昺，《論語注疏》，頁131。

[16] 此地的成人，乃「成為一個人」的簡稱，但也不排除孔子專指的格備義：「子路問成人。曰：『若臧武仲之知，公綽之不欲，卞莊子之勇，冉求之藝，文之以禮樂，亦可以為成人矣。』曰：『今之成人者，何必然？見利思義，見危授命，久要不忘平生之言，亦可以為成人矣！』」（邢昺，《論語注疏》，頁125）。而睟面盎背等說詞，則取自孟子的闡釋：「孟子曰：『……君子所性，仁義禮智根於心；其生色也，睟然見於面，盎於背，施於四體，四體不言而喻。』」（孫奭，《孟子注疏》，十三經注疏本，臺北：藝文印書館，1982年，頁233）。

[17] 邢昺，《論語注疏》，頁106、141、18、128、140。

「君子周而不比，小人比而不周」、「君子懷德，小人懷土。君子懷刑，小人懷惠」、「君子喻於義，小人喻於利」、「君子坦蕩蕩，小人長戚戚」、「君子和而不同，小人同而不和」、「君子泰而不驕，小人驕而不泰」、「君子上達，小人下達」、「君子固窮，小人窮斯濫矣」、「君子求諸己，小人求諸人」[18]……在孔子的觀念設定裏，君子是勢必相較於小人而顯義的（或說君子是由小人所襯托出來的），以至上述周而不比／懷德／懷刑／喻於義／坦蕩蕩／和而不同／泰而不驕／上達／固窮／求諸己這些涵養品秩的陳列，就成了大家效仿取則的準的（相對的，小人有所不逮而淪落為比而不周／懷土／懷惠／喻於利／長戚戚／同而不和／驕而不泰／下達／窮斯濫／求諸人等劣質低地，大家就得引以為戒）。

原來跟小人對列的是大人。大人也稱帝或王或天子或大君[19]，是指人間最高的統治者。春秋以後，封建制度崩潰，天子形同虛設，早期兼有德行爵位的大人，逐漸只剩德行一義。後人稱官場中人為大人，稱自家親長為大人，甚至稱有別於童稚的成年人為大人，就是從德行一義而來[20]。雖然如此，小人的出現既是相對大人而說，那麼他就是受統治者。

受統治者，或稱小人，或稱庶人，或稱黎民，或稱黔首，而以稱小人為最常見。如「公用亨于天子，小人弗克」[21]和「小人難保，往盡乃心，無康好逸豫，乃其乂民」[22]等西周文獻所載用語，還保

---

[18] 邢昺，《論語注疏》，頁 18、37、65、119、128、137、140。
[19] 這些稱號，據指是異名同實：「易有君人五號也：帝者，天稱也；王者，美行也；天子者，爵號也；大君者，與上行異也；大人者，聖明德備也。變文以著名，題德以別操。」（鄭玄，《易緯乾鑿度注》，臺北：老古文化公司，1981 年，頁 10）。
[20] 參見周慶華，《文苑馳走》，頁 180。
[21] 孔穎達等，《周易正義》，十三經注疏本，臺北：藝文印書館，1982 年，頁 46。
[22] 孔穎達等，《尚書正義》，頁 202。

留了小人的舊義。

小人，就是德少的人。因爲小人沒有什麼機會讀書，自然德少，無法跟大人及其連帶的層級者相比。後來社會體制改變，小人不再盡是文盲，布衣卿相的所在多有，但小人原詞還在，於是一變而爲無德者的專稱[23]。

由於大人的轉義受限於原先的特指（天子僅有一人），所以泛指的君子（國君子嗣很多）轉義後就升一層次代爲跟小人對上了。這樣對從新給予性徵框限的人來說，他就有了「方便論說」的好處。正如《論語》所載孔子的話「**君子有三畏：畏天命，畏大人，畏聖人之言。小人不知天命而不畏也，狎大人，侮聖人之言**」[24]，這就兼取小人兩義且略過對比詞而直接跟君子互較相戾，看來沒有一點不自然的地方（殊不知小人一詞的由來所被說出時從未如此「理從義順」）。

那麼小人的形象就是一個缺乏教養的鄙略粗野的樣子，他既嗜欲好利，又卑賤猥瑣，彷彿是建立禮樂制度或發展文化歷程的一大負擔。這類人在現實中縱然也可以見著，但經由孔子的模塑後，他就定型化而有上述那些質低表現。因爲君子的設定是以成人爲目標的，凡有違此一軌範的對象就得將他排除出去，所以君子的存在多少都要透過跟鄙野小人的對比來顯能，而讓他終於享有人間社會較爲確切的德行楷模地位（不像大人還在爵位陰影中掙扎）。

四、郁郁乎文君子的進趨向度

---

[23] 參見周慶華，《文苑馳走》，頁 183。
[24] 邢昺，《論語注疏》，頁 149。

　　君子作爲人間社會有德者的代稱，他的性徵是由美盛的文采所撐起的。這文采不是指他善於述作，而是指他經過義禮孫信等品德的內著外煥後所顯現的高度修飾現象。而這可以成爲孔子所讚許「周監於二代，郁郁乎文哉！吾從周」[25]一事的換喻。也就是說，作爲一個君子，他必須在整體上具備「郁郁乎文」的特性，才能有所區別於鄙野小人；而這一區別，集聚爲國體政務，自然就像周代那樣精於取監夏商二代了。因此，孔子所給君子的塑形，格力很明顯不是小人可以相比配：

　　　子曰：「君子義以爲質，禮以行之，孫以出之，信以成之，君子哉！」[26]

這對嗜欲好利和卑賤猥瑣的小人來說，如此守德美身根本是無法想像的。正因爲修養使得質樸的人足以脫胎換骨，以及進一步的人文化成社會能夠緣此漸次締造，於是一組「郁郁乎文君子 VS.鄙野小人」的概念對比及其相關的命題設定終於可以部勒完成。

　　這裏所謂「相關的命題設定」，乃基於論述本身要自成一個演繹系統（才有意義）而創設的。它約略有三項：第一，君子在修飾成真的過程中，除了必須符合基本的德行要求，還得朝前面所說的轉益多姿途徑邁進。第二，君子這種人格型範普遍內化後，整個社會必然會受牽動而出現大幅度的變革，甚至實際影響到一個民族命脈的運轉。第三，在今天來看，中國傳統氣化觀型文化有此一君子人

---

25 邢昺，《論語注疏》，頁 28。
26 邢昺，《論語注疏》，頁 139。

格型範，恰好可以藉為對比他方文化而成為一個爭勝點。將這三項連成一氣，則可以顯示本論述的「指出向上一路」價值。而此地就依照優先順序，從第一項命題談起。

在孔子的論說那裏，君子能進而學作仁者或聖人，就是最大的蘄嚮了。至於還有附帶提點的，那都是為了「充足配件」的緣故。所謂「質勝文則野，文勝質則史；文質彬彬，然後君子」[27]、「君子謀道不謀食。耕也，餒在其中矣！學也，祿在其中矣！君子憂道不憂貧」[28]和「君子有九思：視思明，聽思聰，色思溫，貌思恭，言思忠，事思敬，疑思問，忿思難，見得思義」[29]等，無不是出於這種考慮。當中的「文質彬彬」說，即使是在強調內質和文飾的齊備性，但終究得以文飾為添加項，畢竟要作為一個君子必有「質」內具而後才可望增「文」以成。這也就是子貢在反駁棘子成言論上的旨意所在：

棘子成曰：「君子質而已矣，何以文為？」子貢曰：「惜乎夫子之說君子也！駟不及舌。文，猶質也；質，猶文也。虎豹之鞟，猶犬羊之鞟。」[30]

換句話說，當大家普遍具有堪稱良善的內質時，彼此並無法區別出高下，必須再透過文飾予以精緻美化，相關的品第評隲才有地方著眼。而這在爾後的演變中，只要有給君子增添性徵成分的，就多半是順著這個路數始能圓說。如易傳和孟子所分別論及的「天行健，

---

[27] 邢昺，《論語注疏》，頁 54。
[28] 邢昺，《論語注疏》，頁 140～141。
[29] 邢昺，《論語注疏》，頁 149。
[30] 邢昺，《論語注疏》，頁 107。

君子以自彊不息」／「地勢坤，君子以厚德載物」[31]和「君子之於物也，愛之而弗仁。於民也，仁之而弗親。親親而仁民，仁民而愛物」[32]等，這把君子推到能够統攝天德地行或終極愛物的境地，就全是起因於君子的文飾進趨蘊涵開放性而可能的。而從這裏也可以看出，有志於君子人格的搏造者，勢必要知所驅動進益機制，他的崇高化方能得著保證；而遠離小人圈子且許以一個仿如宋儒想「為天地立心，為生民立命，為往聖繼絕學，為萬世開太平」[33]的人間大夢，也才有機會實現。

五、普遍內化後的全面性改觀

君子人格的搏造，在表顯可見的層次，所對應的現實中有很多人「不能如是」；而爲了避免向小人端傾斜，就以強調君子德行爲切要，從而使得禮樂制度的建立及其文化傳承成爲可能。因此，像鄭國大夫子產的作爲才會受到孔子的讚賞：

> 子謂子產「有君子之道四焉：其行己也恭；其事上也敬；其養民也惠；其使民也義。」[34]

這也就是「善人爲邦百年，亦可以勝殘去殺矣」[35]的必要惦念處。換句話說，沒有君子這種善人從政，那麼累世不絕的殘殺就會成爲

---

31 孔穎達等，《周易正義》，頁 11、19。
32 孫奭，《孟子注疏》，頁 243～244。
33 張載，《張子全書》，臺北：臺灣商務印書館，1979 年，頁 292。
34 邢昺，《論語注疏》，頁 44。
35 邢昺，《論語注疏》，頁 117。

大家最恐怖的夢魘！君子存在的可貴就在這裏；而我們努力晉身為君子行列，也就有了一個功在人文化成社會的實質意義。

考察中國傳統社會特別寄望於君子德性，基本上有一個內在的理路：就是大家普遍持守氣化觀這種世界觀，相信宇宙萬物乃陰陽精氣相感而化生。所謂「陽之精氣曰神，陰之精氣曰靈；神靈者，品物之本也」[36]、「二氣感應以相與……天地感而萬物化生」[37]、「道生一，一生二，二生三，三生萬物。萬物負陰而抱陽，沖氣以為和」[38]、「夫混然未判，則天地一氣，萬物一形。分而為天地，散而為萬物。此蓋離合之殊異，形氣之虛實」[39]和「無極而太極。太極動而生陽；動極而靜，靜而生陰。靜極復動。一動一靜，互為其根。分陰分陽，兩儀立焉。陽變陰合而生水火木金土，五氣順布，四時行焉，五行一陰陽也，陰陽一太極也，太極本無極也。五行之生也，各一其性。無極之真，二五之精，妙合而凝。乾道成男，坤道成女。二氣交感，化生萬物。萬物生生，而變化無窮焉」[40]等，都在體證或說明這個道理。由於氣化積聚團夥或量產的關係，人一誕生就虬結在一起，必須分親疏遠近才方便於經營有秩序且獲保障的生活，於是以血緣為依據的家族就一個個的形成了。而由親親系統抽出部分人來組構更大國家的尊尊系統，也是相應的取得了和諧政治的效果。所以歷來只有對絕對性聖王仁君的迫切需求，而沒有被設想成採取其他形態來過活和延續種族生命等。

由此可見，君子德性就是在氣化觀底下為達縮結人情／諧和自

---

[36] 戴德，《大戴禮記》，增訂漢魏叢書本，臺北：大化書局，1988 年，頁 508～509。

[37] 孔穎達等，《周易正義》，頁 82。

[38] 王弼，《老子道德經注》，新編諸子集成本，臺北：世界書局，1978 年，頁 26～27。

[39] 張湛，《列子注》，新編諸子集成本，臺北：世界書局，1978 年，頁 9。

[40] 周敦頤，《周子全書》，臺北：臺灣商務印書館，1978 年，頁 4～14。

然目的而設計受到重視且期許向聖王仁君途徑去轉益多姿的。因此，君子德行的成形，可說是以家族作為社會結構基本單位的氣化觀型文化所輾轉塑造最合理的生活模式；除非我們有辦法更換腦袋（改變世界觀）和全然絕去家族紐帶，否則都不可能走入西方的世界或過西式的民主生活（已移居海外的華人，實際上還是跟族人羣聚，很難成功打入當地社會；而現今有部分華人集居的地區，勉為實施民主制度，也僅是邯鄲學步，怎麼看都有欠序律動不起來）。

　　這氣化觀的內蘊潛固，也是我們從傳統所看到相仿對個人有格物／致知／誠意／正心／修身／齊家／治國／平天下這一成德要求[41]，以及組成社會後連帶有「大道之行也，天下為公。選賢與能，講信修睦。故人不獨親其親，不獨子其子，使老有所終，壯有所用，幼有所長，矜寡孤獨廢疾者皆有所養。男有分，女有歸。貨惡其棄於地也，不必藏於己；力惡其不出於身也，不必為己。是故謀閉而不興，盜竊亂賊而不作，故外戶而不閉，是謂大同」[42]這種理想設計的原因所在。而由這項理路的推演，君子德性倘若能够冀望成功，那麼大家普遍內化後整體社會必然也會受牽動而出現大幅度的變革（也就是一個理想大同社會的實現）。

六、中國傳統氣化觀型文化可以它為爭勝點

　　君子所具有的義禮孫信諸德行，以及能進而涵養成仁成聖等偉業的可塑性，是經過儒家百般考量而確立的一種具文化性的人格型範，它從個別人的修身養性到國家制度的恆久性建置，都得予以真

---

[41] 孔穎達等，《禮記正義》，十三經注疏本，臺北：藝文印書館，1982年，頁983。
[42] 孔穎達等，《禮記正義》，頁413。

切的仰賴，才可望一個淳善社會的到來[43]。然而，在中土國度從未見過有普遍內化的跡象，導致許多不明就裏的人誤以為它已經過時了（其實那是還在深為期待實踐狀態）。比如有個頗顯君子骨氣的「不食嗟來食」故事：

> 齊大饑，黔敖為食於路，以待餓者而食之。有餓者蒙袂輯屨，貿貿然來。黔敖左奉食，右執飲，曰：「嗟！來食。」揚其目而視之，曰：「予唯不食嗟來之食，以至於斯也。」從而謝焉，終不食而死。曾子聞之，曰：「微與！其嗟也，可去；其謝也，可食。」[44]

文末所綴曾子那段話，不妨把它看作是教化者的老婆心切！倘若當真要那般「貪生苟活」，那麼先前強護堅持的顏面已失，而往後恩報的念頭噬心也將沒有了時，痛苦恐怕更甚於剎那的忍餓殞命[45]！這就是君子的氣節。只是古來「食嗟來食」的人多而「不食嗟來食」的人少，導致那「君子固窮」的高格調（見前）一直得不到宏揚機會。又比如史書記載了一次特殊的戰役：

> 襄公與楚成王戰于弘。楚人未濟，目夷曰：「彼眾我寡，及其未濟擊之。」公不聽。已濟未陳，又曰：「可擊。」公曰：「待其已陳。」陳成，宋人擊之。宋師大敗，襄公傷股。國人皆

[43] 參見周慶華，《轉傳統為開新──另眼看待漢文化》，臺北：秀威資訊科技公司，2008 年；《反全球化的新語境》，臺北：秀威資訊科技公司，2010 年；《華語文文化教學》，新北：揚智文化公司，2012 年。

[44] 孔穎達等，《禮記正義》，頁 196。

[45] 參見周慶華，《走上學術這條不歸路》，新北：生智文化公司，2016 年，頁 66。

怨公。公曰：「君子不困人於阨，不鼓不成列。」子魚曰：
「兵以勝為功，何常言與！必如公言，即奴事之耳，又何
戰為？」[46]

在傳末史家有段評論：「襄公既敗于弘，而君子或以為多，傷中國闕
禮義，褒之也，宋襄之有禮讓也。」[47]這所稱許宋襄公可作為重禮
義的典範，無非就是起因於戰爭的重點在利益的衝突而不是要顯示
自己人格的卑劣；因此在不乘人之危的正義原則下交戰而敗陣了，
那是實力不如人，毋須反過來自我怨怪不使用詭詐手段。相對的，
東晉時代所發生的淝水之戰，勝利的一方就比前者多了不太光明磊
落的計謀。那時前秦苻堅率八十七萬步騎大舉南侵，東晉宰相謝安
派遣他的弟弟謝石和姪兒謝玄等率八萬精兵迎戰。謝玄叫使者前去
要求秦兵稍稍後退，讓晉兵渡過淝水決一勝負。苻堅答應了，但晉
兵卻趁對方後退紛亂之際，撥出八千人急攻秦軍，又設埋伏在秦君
陣後大喊：「秦兵打敗了！」秦軍因此潰決，死傷無數，僅存部分殘
眾北竄而去。這在相當程度上是東吳聯蜀抗魏所進行赤壁決戰的翻
版，贏的一方美其名為「以寡擊眾」，事實上是詐術用盡，遠非宋襄
公仁德有禮讓的作風可以相比[48]。而同樣的，在戰場上像宋襄公這
種深具君子風度的人，似乎也是寥若晨星。又比如孟子常遊說國君
行仁政，所得迴響卻是一逕的推託：

王（齊宣王）曰：「寡人有疾，寡人好貨。」對曰：「……王
如好貨，與百姓同之，於王何有？」王曰：「寡人有疾，寡

---

[46] 司馬遷，《史記》，臺北：鼎文書局，1979 年，頁 1626。
[47] 司馬遷，《史記》，頁 1633。
[48] 參見周慶華，《走上學術這條不歸路》，頁 53～54。

人好色。」對曰:「⋯⋯王如好色,與百姓同之,於王何有?」[49]

試想這僅僅是要國君跟百姓共享所欲而已,就這般艱難,遑論還有更上乘的「博施濟眾」,那豈不是形同在宣告他們必須拱手讓出政治舞臺(因為他們根本沒有德能坐在那個位子)?累代像這類該有君子志向卻又不知或無力實踐的政治人物,恐怕彼彼皆是吧!

雖然如此,君子此一美好的人格型範還在,只要大家努力去涵養充實,那一淳善社會也是指日可待的。再說郁郁乎文君子和鄙野小人分居光譜兩端,歷來的治亂相循,也不過是向郁郁乎文君子端昇華和向鄙野小人端陷落的差別,它總有一個高標的典範在指引出路,而不致喪失了我們人生存活的意義和價值。比較值得耽念的是,在面對外來文化的衝擊時,我們如何據以為挺住民族的命脈而從新讓它昂揚。

上述是說從近代以來,國人在遭受西方文化大舉入侵後,已經洩氣的棄我從他,在政治、社會、經濟和科技等層面紛紛尾隨別人渡日,殊不知那正是向鄙野小人端危墮的活法,永遠也高華光明不起來。理由就在:西方人有造物主的信仰,所搏成的創造觀型文化既肯定上帝造物的權威又想媲美上帝而不斷走上逞能創新的道路[50]。它在現實生活方面,緣於平等受造意識而以個人為社會結構

---

[49]　孫奭,《孟子注疏》,頁35~36。

[50]　詳見柏拉圖(Plato),《柏拉圖理想國》(侯健譯),臺北:聯經出版公司,1989年;亞里斯多德(Aristotle),《形而上學》(李真譯),臺北:正中書局,1999年;香港聖經公會,《聖經》,新標點和合本,香港:香港聖經公會,1996年;魏特罕(Margaret Wertheim),《空間地圖:從但丁的空間到網路的空間》(薛絢譯),臺北:臺灣商務印書館,2000年;魏明德(Benoît Vermander),《新軸心時代》(楊麗貞等譯),臺北:利氏文化公司,2006年。

基本單位且精於民主制度的營造；而在文化發展方面，則透過挑戰自然去窮究事物而昌皇了科學實務。這表面上是在締造塵世的上帝國，實際上卻是政治分贓敗德和殺伐掠奪殘酷的發端！

　　好比有關民主逞能部分，它雖然是西方人經過漫長的試煉而帶終結性的歷史選擇；而它的無可批評，也僅是像邱吉爾（Winston Churchill）所曾維護的「等到所有的政治制度都實驗過了，才能說民主是最壞的一種政治制度」[51]那樣，並非本身是最後的真理。更何況它所潛蘊人人有機會分一杯羹而又不想讓異己者常享好處的情況下，就會發生美國某一脫口秀藝人所諷喻的「（民主制度下的）**政客就像尿布，必須經常更換**」[52]那般，始終都在玩「你上我下」相互扯爛汙的遊戲，而使社會永無寧日！此外，它在不上道時，還會引發「**民主只是大多數白痴來排擠天才的合法程序**」[53]這樣的慨嘆，而造成權謀肆無忌憚的橫行搗蛋，什麼正事也別想辦成！

　　又好比有關科學創新部分，大家的迷信也只因它有所助益現實物質生活的改善，卻看不到裏頭隱藏了兩個大問題：一個是科學技術的成就預設了西方民族或種族的優越感，將科學技術視為是進步主義的象徵，並且合該成為一世界性和必然性的世界潮流；一個是科學技術現代化帶來了能源枯竭、生態破壞、環境汙染、溫室效應、臭氧層破洞和核武恐怖等後遺症。前者不僅無法驗證，還有誤導的嫌疑（證諸許多第三世界國家受鼓舞實施科技現代化的終局，幾乎

[51] 戴蒙（Jared Diamond），《大崩壞：人類社會的明天？》（廖月娟譯），臺北：時報文化出版公司，2006年，頁596引。

[52] 格茲莫考斯基（Eric Grzymkowski），《這些話，為什麼這麼有哏？──名人毒舌語錄1200句》（王定春譯），臺北：本事出版社，2015年，頁332引。

[53] 焦桐主編，《味覺的土風舞：「飲食文學與文化國際學術研討會」論文集》，臺北：二魚文化公司，2009年，頁10引邱吉爾語。

要瀕臨崩潰破產的邊緣,可以確定這點)[54];而後者則一旦惡果造成了,全世界的人從此就沒有一個能夠逃過能趨疲(entropy,熵)法則的制約及其不可再生能量即將到達飽和臨界點而讓地球陷於一片死寂危機的威脅,更別說在這個過程中所連帶興作的資本主義和殖民征服激起大家為了爭奪資源以維持自我存在優勢,早已磨刀霍霍的相向殺戮,所有毀滅性的武器一再的被研發出示,而使得全體人類不斷地壟罩在極度駭懼的氣氛裏![55]

毫無疑問的,民主和科學的介入攪和已無從保證也無法促成淳善社會理想的實現,它內蘊的變本加厲的鄙野小人行徑只會讓人更加憂愁「沒有明天」!因此,從新恢宏自我所屬以縮結人情/諧和自然為特長的氣化觀型文化,相關郁郁乎文君子的德行生活就能成為一個爭勝點,終而對治且超克了西方創造觀型文化所見挑戰自然/媲美上帝作為的末路。

---

[54] 參見陳秉璋等,《邁向現代化》,臺北:桂冠圖書公司,1988 年,頁 29～43。
[55] 詳見周慶華,《生態災難與靈療》,臺北:五南圖書出版公司,2011 年;《文化治療》,臺北:五南圖書出版公司,2012 年。

第二章　君子修養 VS.紳士培訓： 中國傳統氣化觀型文化的 更勝期待

一、君子要勉力成就

　　子路也很喜歡跟老師抬槓，但他跟宰我不同。宰我比較刁鑽，常給孔子出難題；而子路則有點負氣，總覺得自己在某些方面強過孔子。結果是宰我每每把老師氣得「吹鬍子瞪眼睛」[1]；而子路則激發老師更想「循循善誘」開導他，從而益顯師徒情深[2]。

　　後者就底下這段問答，可以讓人來窺得一二：「子路問君子。子曰：『修己以敬。』曰：『如斯而已乎？』曰：『修己以安人。』曰：『如斯而已乎？』曰：『修己以安百姓。修己以安百姓，堯舜其猶病諸！』」[3]孔子不一次把話說完，而是引起子路連三度發問後才掀底，相戲性濃厚，可見他們師徒有著非比尋常的親昵關係。而由這裏的追究君子何事一理，也足够徵候向來孔子所標榜的君子德行是有一

---

[1] 宰我跟老師辯論三年喪太久，所惹來孔子背地罵他「予之不仁也！子生三年，然後免於父母之懷。夫三年之喪，天下之通喪也。予也有三年之愛於其父母乎」（邢昺，《論語注疏》，十三經注疏本，臺北：藝文印書館，1982 年，頁 157～158），我們推測當時的情景，老先生很難不為此事氣到臉容大變！還有宰我不受教，公然在課堂上打瞌睡而被老師痛斥「朽木不可雕也，糞土之牆不可杇也」（邢昺，《論語注疏》，頁 43），這也很容易引人想像孔子已經火大到連頭髮都要上指了呢！因此，「吹鬍子瞪眼睛」說的雖然誇張了一點，但不這樣形容也難以顯示宰我這個人確是很不討喜。

[2] 子路的負氣，除了凡事都想搶先攬在自己身上，此外只要聽到老師把道理講得遠了還會像「衛君待子而為政，子將奚先」／「必也正名乎」的問答那樣直接反批老師一頓：「有是哉？子之迂也，奚其正？」（邢昺，《論語注疏》，頁 115）但孔子都會有一番析理繹解的程序而將子路的岐意「導正」回來，倘若不是基於師徒情深，豈有如此親切融洽的相處模式？

[3] 邢昺，《論語注疏》，頁 131。

個漸修臻勝的歷程，很能藉為比觀世上他系類似人格形象的不務此途而難免要致以遺憾收場！

這是說自從君子被孔子確立為帶文化性且可為蘄嚮的人格典範後，他的必須自鑄各種美德以顯現一具體形象，也就成了氣化觀型文化中人所無可迴避的成德圭臬；至於他還可以上契能「推己及人」的仁者和能「博施濟眾」的聖人等更極致的德行表現，那就真該普天同慶有此美善的倫理軌範長存，而可以在跟誤入歧途的他系文化相比後勝出，從新據以為規模益世的途徑[4]。

很明顯的，君子的形現是具有高度匡世或濟世意義的，而他的德行來源則要靠創發人的提示或設定予以勉力成就。這在孔子那裏，早已劃好了君子自修自為的位階，除非是上契，不然都得謹守分寸，以免名實淆亂而妨礙到其他德行（如仁聖等）的別為伸展。因此，像孔子不輕易以仁許人（如子路、冉求、公西華、令尹子文和陳文子等，在外人看來都具仁者形象的，孔子卻一概加以批駁否認）[5]，以及明白道出「聖人，吾不得而見之矣！能見君子者，斯可矣」[6]等，就都相應於君子一理必須自足的前提要求。無奈這在孔子的弟子中已少有人能契會（才有問仁問君子等諸多疑惑）；爾後相關論著又一人吹一把號，所見議論更多踖駁，幾乎快到了不辨菽麥的地步。如下列文獻所呈現的：

　　孟子曰：「人之所以異於禽獸者幾希！庶民去之，君子存之。

---

4 參見周慶華，〈郁郁乎文君子 VS.鄙野小人——中國傳統氣化觀型文化的一個爭勝點〉，刊於《孔孟月刊》第 55 卷第 9、10 期，2017 年，頁 1~10。
5 詳見邢昺，《論語注疏》，頁 42、44~45。
6 邢昺，《論語注疏》，頁 63。

舜明於庶物，察於人倫，由仁義行，非行仁義也。」[7]

以仁為恩，以義為理，以禮為行，以樂為和，薰然慈仁，謂之君子。[8]

君子知夫不全不粹之不足以為美也……天見其明，地見其光，君子貴其全也。[9]

　　這分別出自《孟子》、《莊子》、《荀子》書，它們不是逕將仁德摻和為君子的內質，就是以聖人的全備人格為君子的特性，顯然大為混淆君子／仁者／聖人間的分際，實在不利於後續的論述（總會遇到別人對於他們所立不同名目為何會有相同義涵的詰問）。這都是不察源頭又喜好強為立說的結果，馴致有關君子的人格型範尚未獲得有效穩固的定位，就憑空遭到遷移流徙的命運；同時也使得一個深繫著文化榮枯的道德命題，徒然墜入霧霾中，而有勞明眼人從新費心的來掀揭發揚它。

　　其實《論語》所記載孔子講的話已經很清楚了（只是後人不察而已）。所謂「君子而不仁者有矣夫，未有小人而仁者也」[10]，這連到前面所舉「聖人，吾不得而見之矣！能見君子者，斯可矣」，一個必要區別的由君子到仁者到聖人的德行階次再明白也不過了；更何況還有孔子的自道諸如「若聖與仁，則吾豈敢？抑為之不厭，誨人不倦，則可謂云爾已矣」和「文莫，吾猶人也；躬行君子，則吾未

---

[7]　孫奭，《孟子注疏》，十三經注疏本，臺北：藝文印書館，1982 年，頁 145。

[8]　王先謙，《莊子集解》，新編諸子集成本，臺北：世界書局，1978 年，頁 215。

[9]　王先謙，《荀子集解》，新編諸子集成本，臺北：世界書局，1978 年，頁 11～12。

[10]　邢昺，《論語注疏》，頁 124。

之有得」[11]等，可以佐證，那不能擅自「潛越」的君子一理是毋須有疑義的[12]。即使如此，想要完美一個君子人格，他所得勉力成就的德行卻非比尋常，那可是連孔子都覺得自己還經常在努力進益中呢！

二、成就君子的漫漫修養長路

君子德行難以成就，乃因爲他既是「君」又是「子」。君在統治階層，得有領導服眾的長才；而子爲男性美稱，則要有相應的藝能表現。雙雙抽離出來變成一個社會的人格典範後，他所需條件配備就到了孔子深加發微的那些質性了。換句話說，孔子固然是率先爲君子量身訂做特殊範型的人，但如果沒有「正名」或「循名責實」的理念作基礎，那麼也不致會有偌多辯了又辯的言辭交鋒存在《論語》一書中，而教人不得不睜大眼睛在看一場事關文化格調塑造的劇藝演出。

這場劇藝在孔子跟他的弟子和時人的對戲裏，想必已久佔舞臺而連演了無數場次；至於我們後人，所能追躡遺踪的，大概僅剩留在零縑碎羽話語中一些別有感格動能的道德啓導了。也就是說，君子打從孔子賦予他諸多性徵以來，最切要的是那可以被實踐幾分，以及據此顯示了怎樣的文化格調，而足够我們衷心以寄或傾心相

---

[11] 邢昺，《論語注疏》，頁 65。

[12] 《論語》還記載一段話「太宰問於子貢曰：『夫子聖者與？何其多能也？』子貢曰：『固天縱之將聖，又多能也。』子聞之曰：『大宰知我乎！吾少也賤，故多能鄙事。君子多乎哉？不多也。』」（邢昺，《論語注疏》，頁 78）在這裏孔子自我「降等」爲君子以爲回應，除了顯明他不敢以聖人自居的一貫謙德，並且還意示了聖人重點在於能「博施濟眾」，而跟他是否多能沒有必然關係；所以他的迴避太宰以聖人名義追問，在理序上自然是非常恰當的。

隨。這就會先牽涉君子德行的形塑及其持續性效應究竟是一個怎樣的歷程！

　　所謂怎樣的歷程（句尾用驚嘆號而不用疑問號，是爲了表示那個歷程「可能多艱」理當要驚嘆），則是要依理來進行推測，而不受限於實際的質距，畢竟那被實踐的可能的臨場經驗已眇不可知，終究得回歸一個論說需求而盡在「理度」裏討活計。至如所能取據的對象，乃以最富原創或最爲可觀的《論語》所載事項爲準則，必要時還會旁及其他文獻。

　　在論語中收錄了兩段性質相近的話：「子曰：『君子義以為質，禮以行之，孫以出之，信以成之，君子哉！』」「子謂子產『有君子之道四焉：其行己也恭；其事上也敬；其養民也惠；其使民也義。』」[13]前者形同是在給君子作界義（以能否具有義質禮行孫出信成等條件爲判斷標準）；而後者則爲君子居位時的應有演現（仍不出上述界義的範域），彼此合而顯出一個優質的人格形象。這個形象，還可以有不同的表出形式，如「君子不器」、「君子周而不比」、「君子懷德」、「君子懷刑」、「君子喻於義」、「君子坦蕩蕩」、「君子不憂不懼」、「君子和而不同」、「君子泰而不驕」、「君子上達」、「君子求諸己」、「君子矜而不爭」、「君子謀道而不謀食」和「君子貞而不諒」等[14]。我們略爲跡求比對，當可了解那是孔子對徒眾的隨機性指點，實際上都在該精心界義的範圍內：也就是只要備列了義禮孫信等條件，就會有這些高華表現或自然流露出迥異於一般小人行徑。

　　這麼一來，我們就可以進一步追問這義禮孫信等德行到底在內蘊上有何難處，使得通達如孔子要這般提點不輟才希望能被深記且付諸實踐？關於這一點，不妨透過幾個事件的有力著錄來發想：

---

[13] 邢昺，《論語注疏》，頁 39、44。
[14] 詳見邢昺，《論語注疏》，頁 18、37、65、106、119、128、140、141。

子華使於齊，冉子為其母請粟。子曰：「與之釜。」請益，曰：「與之庾。」冉子與之粟五秉。子曰：「赤之適齊也，乘肥馬，衣輕裘，吾聞之也：君子周急不繼富。」原思為之宰，與之粟九百。辭。子曰：「毋！以與爾鄰里鄉黨乎！」[15]

子入太廟，每事問。或曰：「孰謂鄹人之子知禮乎？入太廟，每事問。」子聞之曰：「是禮也！」[16]

蘧伯玉使人於孔子，孔子與之坐而問焉。曰：「夫子何為？」對曰：「夫子欲寡其過而未能也。」使者出。子曰：「使乎！使乎！」[17]

子貢問政。子曰：「足食，足兵，民信之矣。」子貢曰：「必不得已而去，於斯三者何先？」曰：「去兵。」子貢曰：「必不得已而去，於斯二者何先？」曰：「去食。自古皆有死，民無信不立。」[18]

第一則透露了周急不繼富乃屬合義的行為，而稍有私心就會淪落非義的下場（像冉求所做的那樣）；第二則透露了臨太廟事涉祭儀不懂而勤問正是重禮的表現，否則難免會因失態遭人物議；第三則透露了使者代主人對答寡過自持，這一態度明顯已臻謙遜上境而實該深

---

[15] 邢昺，《論語注疏》，頁 51。
[16] 邢昺，《論語注疏》，頁 28。
[17] 邢昺，《論語注疏》，頁 128。
[18] 邢昺，《論語注疏》，頁 107。

受褒揚；第四則透露了使民信賴遠比足食足兵重要，而據此可反觀信理於人不可須臾脫離的一斑！試想這些義禮孫信等行為的施處，又豈在一時一地？恐怕終身都要如此堅守才能完滿作為一個人的在世存有！換句話說，從人身上減去義禮孫信這些德行，他還算是一個人嗎？不論就那一觀點，應該還沒有理由能夠給予正面肯定。此外，這種專屬於人的在世存有徵象，則是要時時刻刻如實體現，以見人間社會可希求的十足美善境界。孔子的用心，至此當可深透。而由本項耙梳，也多少可以觸及這是成就君子的一條慢慢修養長路，尋常人未經精蘊上進的，都無緣涉入參與晉級；而短少實踐決心的，也會半途而廢，無法走完全程。因此，孔子所一再預告的「見得思義」、「立於禮」、「奢則不孫，儉則固；與其不孫也，寧固」和「人而無信，不知其可也」等信條[19]，也就成了此中德業進趨的鐵則。它將只見「但為益加發皇」而不會有終點。

三、相遇西方紳士後看他怎麼樣

君子的提出，原來多有對比小人為說的（如上舉文字凡是說君子如何如何的，後面多半會接著說小人如何如何），甚至連「女為君子儒，無為小人儒」這一孔子誡告子夏的言詞都布列了[20]。但此地要跨域來看，讓他系文化中的相關形質也能進來「一比高下」。倘若君子對小人是上馳對下馳般的顯能模式，那麼君子對他系文化中的同類型人格則是取徑於上馳對上馳，而這一樣也可以顯能的話，那就證明標榜君子德行乃是一件堪稱可更勝期待的事。

---

[19] 詳見邢昺，《論語注疏》，頁 149、71、65、19。
[20] 詳見邢昺，《論語注疏》，頁 53。

　　在他系文化中方便選擇來比較的，自以西方盛行的紳士（gentleman）品類為恰當對象。西方的紳士源自古代護衛貴族的騎士階層；後來貴族沒落，紳士就自我演變成高踞社會等級秩序的頂端。他們有錢，可以享受較多的閒暇[21]，並且還能僱請僕人來服務[22]，早已為保住極多的物質優勢以及權力和榮耀等而形成一特殊的資產階級[23]，從此跟工人階級和無產階級判分兩橛。此外，紳士為了區別於他人，還會在外表服飾上特別講究，全然仿照騎士所穿盔甲而著裝：襯衫領帶外罩或緊或鬆外衣長褲[24]，孤立顯眼，魔力西裝一名已經不逕而走[25]。至於飲食養生，所一向崇尚的精緻料理和使用繁複餐具以及規定許多餐桌禮儀等[26]，那就更不在話下了。

　　有人追溯源頭，以至今仍保留在英國社會的情形為最可數的標誌。在那裏的紳士，不但重視血統，而且還一定要在表面上透過裝束來凸顯氣派：

　　　　在英國有不少男人，頭戴硬殼圓頂的黑氈帽，身穿瘦長而揖

---

[21] 參見范伯倫（Thorstein Veblen），《有閒階級論》（李華夏譯），臺北：左岸文化公司，2007 年，頁 42～64。

[22] 這可從小說的描寫中來盡窺它的全程性情況。詳見凡爾納（Jules Verne），《環遊世界八十天》（顏湘如譯），臺北：臺灣商務印書館，2002 年。

[23] 參見希布魯克（Jeremy Seabrook），《階級──揭穿社會標籤迷思》（譚天譯），臺北：書林出版公司，2002 年，頁 13～28。

[24] 參見辻原康夫，《服飾的世界地圖》（余秋菊譯），臺北：玉山社出版公司，2006 年，頁 39～46；辜振豐，《時尚考──流行知識的歷史秘密》，臺北：果實出版公司，2004 年，頁 91～94。

[25] 詳見安東吉亞凡尼（Nicholas Antongiavanni），《魔力西裝：向上晉升的品味穿著》（宋東譯），臺北：天下雜誌公司，2007 年。

[26] 詳見梅克勒（Heidrun Merkle），《饗宴的歷史》（薛文瑜譯），臺北：左岸文化公司，2004 年；費南德茲－阿梅斯托（Felipe Fernández-Armesto），《食物的歷史──透視人類的飲食與文明》（韓良憶譯），臺北：左岸文化公司，2007 年。

腰大衣，即使是大晴天，手裏也硬是拿著一把雨傘，板起面孔，兩眼直視，脖子僵硬，挺著腰走路……不苟言笑。尤其當我們看到有些乳臭未乾的十來歲小毛頭也是這副德性，難免要起一身雞皮疙瘩，但是他們卻泰然自若。[27]

　　這在辨識紳士血統上自然是有力的根據，以至連低階層的人也不免受誘惑而勤加仿效，頻見另一種偽裝風潮。此外，為了維持紳士世襲制不被破壞，他們在追究彼此出身背景時可能比追究純種狗的血統還要熱心：「在任何超過三個英國人的場所，不管走路或入座，他們都會自動根據門第、行業、頭銜來評分。倘若都打成平手時，也會自動依『吃布丁的數量』為序；為了決定是否該稱你做 sir，英國人可能會花上一年時間旁敲側擊地研究你的年紀。」[28]至於假紳士，那可讓人感到驚奇的事，當然也多得難以細數了[29]。

　　還有紳士為了顯示特有的風度，說話時會極為講究詞藻修飾且力求典雅，卻又難免給人過分做作的感覺。所謂「無論在任何場合，他們都喜歡用完整的句子（如在說完 yes 後再加上一句 It is correct 或 It is）」、「國會議員倘若想辱罵政敵，除非『迂迴取勝』，否則不可得逞」和「喜歡轉彎抹角，即使是二加二等於四這種自明之理，也不以極肯定的語氣說出」等[30]，就是在形容那種作風只相襯於紳士該一層級，別處可不會有這種規矩，外人也難以想像那是怎樣的

---

[27] 蕭曦清，《英國人入門》，臺北：博雅書屋公司，2013 年，頁 94。

[28] 蕭曦清，《英國人入門》，頁 103。

[29] 僅舉一例，大家就可以想見其餘：「倫敦的脫衣舞表演場以蘇河最好。在那些場合，你才能真正地了解英國『紳士』追求歡樂的方式有多麼精采：你毋須看那幾十個美艷絕倫的舞孃全脫，只須看看那些擠在一起一大羣英國紳士發呆得目不轉睛色瞇瞇的樣子，就已經值回票價。」（蕭曦清，《英國人入門》，頁 99）。

[30] 詳見蕭曦清，《英國人入門》，頁 100、61、105。

人際互動方式。

回過頭來說我們的君子，雖然他也得以「文質彬彬」示人為上乘[31]，卻不必刻意裝扮成一定模樣或講些違心的話；縱是他也一樣「疾沒世而名不稱焉」，卻實則以「病無能焉，不病人之不己知也」為念[32]，而不以凌駕他人為樂或自居高人一等取榮；即使他也眼見富貴在前極端誘人，卻能秉持義的原則而不輕易陷入自沾泥淖[33]，顯然無一可以跟或被紳士同聲相應！因此，接著君子要來向紳士討個高下，就得跨過這無有「對應點」問題而另尋判斷準則。

四、培訓歷程讓紳士行徑大為變質

大體上，君子和紳士兩個概念是無法通譯的。這在許多翻譯家如理雅各（James Legge）、卜德（Derk Bodde）、德效騫（Homer H. Dubs）、威利（Arthur Waley）、華生（Burton Watson）、翟理斯（Lionel Giles）、芬格萊特（Herbert Fingarette）、史華茲（Benjamin Schwartz）、狄培理（William T. de Bary）、孟旦（Donald Munro）、郝大維（David L. Hall）、安樂哲（Roger T. Ames）、陳榮捷、劉殿爵和杜維明等嘗試裏，幾乎等於宣告它們最好各自存在而不要硬譯成對方，那兩相扞格的情況立刻就會顯現出來[34]。好比撰寫《閒暇：文化的基礎》

---

[31] 就是孔子所說的「質勝文則野，文勝質則史。文質彬彬，然後君子」（邢昺，《論語注疏》，頁 54）。

[32] 詳見邢昺，《論語注疏》，頁 139～140。

[33] 這一點，孔子可是多有致意，如「飯疏食飲水，曲肱而枕之，樂亦在其中矣。不義而富且貴，於我如浮雲」、「富與貴是人之所欲也，不以其道得之，不處也。貧與賤，是人之所惡也，不以其道得之，不去也」和「君子謀道不謀食。耕也，餒在其中矣；學也，祿在其中矣。君子憂道不憂貧」等（詳見邢昺，《論語注疏》，頁 62、36、140～141）。

[34] 參見柯雄文，《君子與禮：儒家美德倫理學與處理衝突的藝術》（李彥儀譯，

一書的皮柏（Josef Pieper），他提到牛津學者紐曼（Tohn H. Newman）在《一個大學的理念》書中曾經稱呼的「自由的藝術」，轉成現代人的說法叫做「紳士的知識」，這就被譯者強將它改成「君子的知識」（當是受導讀者沈清松的影響）[35]，怎樣看都是牛頭不對馬嘴，一點也疊合不了！

　　從各自的文化背景來看，君子和紳士的養成過程大相逕庭。紳士在西方創造觀文化所體現的上帝造物觀念底下，由優選意識的必要孳生（緣於對人有膚色、體型、才質、地位和窮通等差異的察覺，而推及背後實有上帝的眷顧恩典）[36]，然後輾轉塑造出世間乃有貴族／騎士／紳士（新貴族）一路，佔據要衝，終至成為支配階級。而為了延續這個命脈，所有的社會建制都會環繞著它而計慮實行（如政治選舉、經濟導向和科技施力等莫不如此）[37]。尤其是教育這一最具維護該權益的措施，西方的菁英自己無不叩足了勁在這上頭動腦筋。於是我們就會看到像英國古來就有貴族學校（如牛津／劍橋兩大學），甚至還有專門培養紳士的學院（如伊頓學院）。而其實，西方各國所存大學，原初設立幾乎都是想為菁英保留一個可以「生生不息」的機會，否則也不致有柏拉圖（Plato）所中意的理想國要由哲學家來統治而他所創辦的雅典學園也拒絕不懂幾何的人進入[38]，以

臺北：國立臺灣大學出版中心，2017 年，頁 16～26。

[35] 詳見皮柏，《閒暇：文化的基礎》（劉森堯譯），新北：立緒文化公司，2003 年，頁 82、149。

[36] 詳見周慶華，《語文符號學》，上海：東方出版中心，2011 年；《華語文文化教學》，新北：揚智文化公司，2012 年。

[37] 詳見羅斯（Ariel A. Roth），《上帝，給你科學不能解決的奧秘！》（曹宇鋒譯），臺北：時兆出版社，2014 年；弗格森（Niall Ferguson），《西方文明的 4 個黑盒子》（黃中憲譯），臺北：聯經出版公司，2013 年；普倫德（John Plender），《資本主義：金錢、道德與市場》（陳儀譯），臺北：聯經出版公司，2017 年；霍爾特（Jim Holt），《世界為何存在？》（陳宏信譯），臺北：大塊文化出版公司，2016 年。

[38] 詳見柏拉圖，《柏拉圖理想國》（侯建譯），臺北：聯經出版公司，1989 年；威

及所有繼志辦學的人都在博雅教育和專精教育間推陳出新（那都是要保障各類菁英能得著所需專長而永久擁有統治權或支配權）[39]。

　　反觀君子在中國傳統氣化觀型文化所體現的精氣化生萬物而行團夥維生的觀念底下，他乃是被幾經衡量試煉所選擇必要如此安生益世終而確立的。因為此間人無所他求或別無寄託（不像西方人有上帝天國可以榮耀嚮往），而彼此相處又不能沒有高度的道德自持作為中介，所以君子人格的形塑推衍也就成了和諧社會的終極保障。由於人本身就是精氣內具成的，而精氣又有純度的不同，因此凡是覺得自己實屬鍾靈毓秀的，無不想晉身為羣體的表率，以至已成為君子猶有不足的，就會再上契為稀罕的仁者或聖人，使得中土的人際關係網絡也不乏理想道德的引領歸趨（當中教育不過是在強化這一精神理念）；只是那終究不會像西方人在得著便宜後，膨脹自己變成上帝第二而返身積極於支配殖民他人（擴大影響力）[40]，畢竟中土社會沒有人／神的絕對性差異可以被播弄部署，最後都得回歸塵世人的哲思範域而以成就最起碼或最具典則的君子德行為普遍蘄嚮。

　　經過這樣的比較，終於可以明了君子權在修養而紳士得靠培訓

廉斯（Bernard Williams），《柏拉圖》（何畫瑰譯），臺北：麥田出版公司，2000 年。
[39] 詳見柯爾（Clark Kerr），《大學的功用》（楊雅婷譯），新北：韋伯文化國際出版公司，2009 年；貝爾納普（Robert L. Belknap）等，《傳統與創新：大學的通識教育與再整合》（謝明珊譯），新北：韋伯文化國際出版公司，2009 年；克羅斯（Timothy P. Cross），《課程秩序的綠洲：哥倫比亞學院的核心課程》（謝明珊譯），新北：韋伯文化國際出版公司，2009 年。
[40] 這在少數不信上帝的人身上所顯現出來的諸如尼采（Friedrich Nietzsche）語「既然舊的上帝已被遺棄，我就準備統治世界了」或杜斯妥也夫斯基（Fyodor Dostoevsky）《附魔者》中的主人公語「如果沒有上帝，那麼我就是上帝」這類的狂妄，一樣是在相同情境的感染下而形現的。上述引文，詳見寒哲（L. James Hammond），《西方思想抒寫》（胡亞非譯），新北：立緒文化公司，2001 年，頁104。

的由來。因爲紳士要晉身爲支配階級（以上帝爲榜樣），他所得熟悉各種事物以及要練出一身特殊的質性等，都必須集中社會資源來摶造，致使西方相關的教育施設要比他方世界發達；而在他們實際取得連類巨大成就後，還會想要輸出前去殖民世界各地的人。這也就是近幾個世紀西方人透過軍事、科技、經濟和政治等手段實力到處掠奪征服的實情，他們已經過足了類似上帝支配祂的子民癮頭！也因此，我們所看到的宗教信仰的強加、民主政治的傾銷和資本主義的劇力移植等一連串的全球化風潮[41]，就都是那橫掃心態旁衍的結果。他方世界的人有不從的，暗中還會有秘密手段迫使對方就範（如三 K 黨的私刑黑人和共濟會的企圖消滅劣等人種之類）[42]。

　　相較於栽培紳士（菁英）的社會，君子所在的國度就一向僅藉道德自持來撐起它的淘美容顏；而作爲一個君子除了在自我修養中不斷以不爭不黨不驕的態度面世[43]，他不可能會別爲他想去宰制他人以取得絕對的優勢。以至一個純然的日新其業和中庸儀行的美好境界[44]，也就不失爲宛在眼前而有望成真了。這一差異，完全緣於

---

[41] 裏頭有甚多荒唐不可解的情事，如明明自己是黃種人，卻也在仿效白人穿著紳士服去風月場所尋歡，而對於博士生沒把西裝披掛上場，論文口試委員居然也可以怒氣譴責對方不尊重人！詳見殷登國，《月——中國古代春宮秘戲圖講》，臺北：秀威資訊科技公司，2016 年，頁 141；張堂錡主編，《拿到博士的那一天》，臺北：幼獅文化公司，1995 年，頁 60。

[42] 詳見海野弘，《祕密結社的世界史》（黃靜儀譯），臺北：麥田出版公司，2011 年；何新，《1995 年舊金山會議秘密決議：消滅「劣等人種」》，新北：人類智庫數位科技公司，2012 年。

[43] 如孔子說的「君子無所爭，必也射乎！揖讓而升，下而飲，其爭也君子」、「君子矜而不爭，羣而不黨」和「君子泰而不驕，小人驕而不泰」等正是（詳見邢昺，《論語注疏》，頁 26、140、119）

[44] 所謂「湯之盤銘曰：『苟日新，日日新，又日新。』〈康誥〉曰：『作新民。』《詩》曰：『周雖舊邦，其命維新。』是故君子無所不用其極」和「……故君子尊德性而道問學，致廣大而盡精微，極高明而道中庸。溫故而知新，敦厚以崇禮。是故居上不驕，爲下不倍」等，就是在期許這樣的境界（詳見孔穎達等，《禮記正義》，

紳士乃由外範，而它增衍後勢必會導致無窮盡的文化殖民災難（以索得他人悔過的承諾）；君子則仰賴內蘊，而修養有成後社會只可能更見融通和樂，不會出現不當的權力宰制或推廣出去施暴他方世界。

五、為君子守節乃中國傳統氣化觀型文化的更勝期待

不像紳士透過培訓而可以量產去發揮主宰社會的功能，君子只能一步一腳印在慢慢修養長路上取得儘可能地風行草偃效果，致使「君子之德風，小人之德草，草上之風必偃」就成了大家所至盼[45]，此外就不知道君子他還可以怎樣的去征服誰或造成舉世秩序的混亂！

在這種情況下，君子德性就合該被普遍推崇才是正理。而當大家能夠進一步體會諸如「在陳絕糧，從者病，莫能興。子路慍見曰：『君子亦有窮乎？』子曰：『君子固窮，小人窮斯濫矣！』」和「子貢曰：『君子亦有惡乎？』子曰：『有惡。惡稱人之惡者，惡居下流而訕上者，惡勇而無禮者，惡果敢而窒者。』」這類附帶修養的可感情事[46]，諒必一路往前修為的步伐就會更加踏實。而說實在的，成為篤實君子的途程還很遙遠（一輩子都不可能走到盡頭），只有不懈怠堅持到底的人才能看到前面的輝光。

至於如今想化解被西方人搞糟了世界的困境（除了殖民災難，還有耗用資源所造成的生態崩毀、環境惡化和核武恐怖等危機），也得君子德行來成就見效。因此，許諾一個君子守節世代的降臨，也就可以益見中國傳統氣化觀型文化原有此一強過他者的更勝期待點。

十三經注疏本，臺北：藝文印書館，1982 年，頁 984、897～898）。

[45] 詳見邢昺，《論語注疏》，頁 109。

[46] 詳見邢昺，《論語注疏》，頁 137、159。

第三章　君子應然義 VS.小人實然利：中國傳統氣化觀型文化的一個揮擊點

一、一個亙古的議題

　　相傳明末鬼才金聖嘆在應秋闈拔貢試時，策論題有一句問話「空山窮谷之中，黃金萬兩；露白葭蒼之外，有美一人，試問夫子動心否乎」，他袖腕高懸，運筆力揮，就在試卷上連續寫出三十九個「動」字，而讓主考官大爲駭異[1]，一時傳爲奇談！

　　其實，金聖嘆的靈感是從孔子自述「四十而不惑」[2]（兼有孟子自述「我四十不動心」[3]）得來的，那意味著孔子四十歲以前是有迷惑動心的時候，以至連書三十九個動字正可表達此中的曲折，實在稱得上是「神來之筆」！此外，更可玩味的是利字當頭（美色現前也是），有幾人不爲動心？能不爲動心的人，那一定有特殊的涵養在背後支持著。這也就是《論語》一書常見孔子拈出「義」字的緣故，因爲那是要用來節制「利」的無止盡伸展。而相信在孔子以前，應當也有類似的制動或倡議，才會延續至此而出現孔子那般的連類發想。於是「義利之辨」，就變成亙古以來的一個重要課題。

　　這個課題所被議論的關鍵，在於利乃實然如此，爲人心普遍的趨向[4]，而結果則是捅出無法自我轉圜的大坑洞，在曳引著大家紛紛往下跳後，必然釀成一個自絕的險巇狀態。誠如孟子所十分擔憂的：

---

[1] 詳見楊子忱，《鬼才金聖嘆》，臺北：遠流出版公司，2006 年，頁 166～168。
[2] 邢昺，《論語注疏》，十三經注疏本，臺北：藝文印書館，1982 年，頁 16。
[3] 孫奭，《孟子注疏》，十三經注疏本，臺北：藝文印書館，1982 年，頁 54。
[4] 所謂「天下熙熙皆爲利來，天下攘攘皆爲利往」（司馬遷，《史記》，臺北：鼎文書局，1979 年，頁 3256），正道出了該一現象。

> 孟子見梁惠王。王曰:「叟,不遠千里而來,亦將有以利吾國乎?」孟子對曰:「王,何必曰利?亦有仁義而已矣。王曰何以利吾國,大夫曰何以利吾家,士庶人曰何以利吾身,上下交征利而國危矣⋯⋯王亦曰仁義而已矣,何必曰利」[5]

上下交征利所指向的,就是避免不了的爭奪、殘殺和滅絕人性等純生物途徑,而終局則無疑會導致禮樂制度的崩解,連帶累及國家的運作。這麼一來,就不可能冀望嗜利的實然狀態反向挽救生存的危殆,只有靠另一道德自制的應然義變數介入,才可望從中扭轉頹勢而恢復秩序化的生活。因此,「義利之辨」顯然不是一個隨興提出的課題,而是長久以來就或隱或顯存在且始終有被加碼討論的可能性。

二、分辨義利的從新出發

所謂的加碼討論,這在孔孟時代已經可見端倪了。依字源所示,義在古籍多半訓為合宜,為應然德行且多見於君子的信守,而利在古籍則多半訓為饒益或貪求[6],為實然生性且多見於小人的迷戀,二者對列後會顯現兩面性的意涵。也就是說,謹守合宜的原則,就不該有饒益或貪求的現象;而一旦饒益或貪求了,自然就遠離合宜的範圍。因此,義作為利的調節閥或緩衝機制,是比什麼都重要而有效。只不過這裏頭仍隱藏著些許問題,還有待解決。

倘若說義的存在成就了一個道德判斷的準據,那麼誰來衡量

---

[5] 孫奭,《孟子注疏》,頁9。

[6] 詳見阮元,《經籍纂詁》,臺北:宏業書局,1980年,頁644~645。

「什麼是合宜」的？而該合宜的道德判斷又有何可以「推擴的機遇」？這是倡議義行的人所必須事先予以答卷肯定的；否則就會被質疑你憑什麼能夠這樣說，以及這樣說究竟有助於那種更爲衍發的高價事？對於前者，在這裏無妨姑且代爲解決：我們知道，判定是否合宜一事容易流於自由心證，但以它跟利相對來談時，就會限制在一定的範域內。換句話說，凡是饒益或貪求的，都不合義行。比如照正常情況，擁有一分錢就該滿足，但你卻逾越分寸而貪求更多錢（形成饒益過度），這就屬於好利而非義了。又比如盤內有八塊蛋糕要給五個人吃，大家各食一塊自是合宜的事，但有人未經協商就逕自取走第二塊，他就侵犯到別人的權益而事屬不合宜了（那剩下的三塊，如果經由協商再把它們細切而可以平分給大家，或者看誰比較飢餓而讓給他吃，就沒有饒益或貪求的問題）。依此類推，總可以爲義利找出相當可靠的分界線。至於後者，那就涉及人的能耐而可以隨機去發揮，以見義範的能動性或穿透力。而這也正是此地要別爲掘發古代聖賢已先開啓的論述，權且舉以爲例或可據以衍展導出更新的課題。

　　從既有的文獻來看，孔子是第一個分辨義利勤力不輟的人。首先，他把義和利穩定的對立了起來：

子曰：「君子之於天下也，無適也，無莫也，義之與比。」[7]

子曰：「放於利而行，多怨。」[8]

---

[7] 邢昺，《論語注疏》，頁 37。
[8] 邢昺，《論語注疏》，頁 37。

子曰：「君子喻於義，小人喻於利。」[9]

這都將義直視為一種應然的德行，而跟實然的嗜利情況截然區隔，無形中為後續的知識啟蒙和道德涵養等提供了一個基準點。其次，他自己的行事，也正在實踐該一捨利取義的典則，不致留給人光說不練的打高空印象：

子曰：「德之不修，學之不講，聞義不能徙，不善不能改，是吾憂也。」[10]

子曰：「飯疏食飲水，曲肱而枕之，樂亦在其中矣！不義而富且貴，於我如浮雲。」[11]

子罕言利與命與仁。[12]

所謂「罕言利」、「不義而富且貴，於我如浮雲」和「（憂）聞義不能徙」等，都體現了他作為一個勤力倡導者躬身踐履義行的必要形象（否則有誰會相信該義行的確是可靠呢），而給後世人樹立了足可仰望的楷模。再次，他對義行也有意無意的將它推及抗衡錢財嗜欲以外，使得「義利之辨」不再侷限於淺層的物質謀畫，而已上升到社會地位、勇氣毅力和普遍性行為等深層理路的取捨上：

---

[9]　邢昺，《論語注疏》，頁 37。
[10]　邢昺，《論語注疏》，頁 60。
[11]　邢昺，《論語注疏》，頁 61。
[12]　邢昺，《論語注疏》，頁 77。

子曰：「富與貴，是人之所欲也，不以其道（義），得之不處也。貧與賤，是人之所惡也，不以其道（義），得之不去也。」[13]

子曰：「……見義不為，無勇也。」[14]

子路曰：「君子尚勇乎？」子曰：「君子義以為上。君子有勇而無義為亂，小人有勇而無義為盜。」[15]

子謂子產：「有君子之道四焉：其行己也恭，其事上也敬，其養民也惠，其使民也義。」[16]

樊遲問知。子曰：「務民之義，敬鬼神而遠之，可謂知矣。」[17]

將義跟貴／賤、勇和使民／務民事等連在一起，很明顯它已經從利的衡酌節點逸離而向各種人事興廢的權限立界碑了。這無乃是相關「義利之辨」思路的從新出發，為孔子自己在設說和實踐雙雙有成後又一具體貢獻。往後凡是有擴充解釋或運用義利範圍的案例，幾乎都可以在這裏找到「源頭活水」。

---

[13] 邢昺，《論語注疏》，頁36。
[14] 邢昺，《論語注疏》，頁20。
[15] 邢昺，《論語注疏》，頁158。
[16] 邢昺，《論語注疏》，頁44。
[17] 邢昺，《論語注疏》，頁54。

三、取義捨利的現實和理想基礎

　　史上擴充運用義利範圍著名的例子，就是《史記‧淮陰侯列傳》所載韓信的事蹟：「（蒯通遊說韓信背漢而三分天下）韓信曰：『漢王遇我甚厚，載我以其車，衣我以其衣，食我以其食。吾聞之，乘人之車者載人之患，衣人之衣者懷人之憂，食人之食者死人之事，吾豈可以鄉利倍義乎！』」[18]這把背漢自立視爲是鄉（向）利倍（背）義的行爲（相對的向漢順服就屬鄉義倍利的行爲），可見那已不再斤斤計較於財物的微末一節了[19]。

　　此外，有爲了逍遙自在而棄利的，所取則也近於在擴充運用義行。例如《史記‧老子韓非列傳》所敘及的「楚威王聞莊周賢，使使厚幣迎之，許以為相。莊周笑謂楚使者曰：『千金，重利；卿相，尊位也。子獨不見郊祭之犧牛手？養食之數歲，衣以文繡，以入太廟。當是之時，雖欲為孤豚，豈可得乎？子亟去，無汙我！我寧游戲汙瀆之中自快，無為有國者所羈，終身不仕，以快吾志焉！』」[20]只不過這所計慮的無關「大是大非」，大概不會被算數而受到同等的對待。

　　正因爲義行的施力處無限伸展了，所以相對的利也就隨著泛指一切未經節制的私自受益。倘若如孟子所說的「羞惡之心，義之端

---

[18] 司馬遷，《史記》，頁 2624。

[19] 雖然韓信所行義的對象（劉邦），卻只是在利用他的忠誠而佯裝親厚，以及無能力保前來投靠的鍾離眛而導致對方自刭以洩憤，最後仍不免於「狡兔死，良狗亨；高鳥盡，良弓藏；敵國破，謀臣亡」自己也遭殃而遺恨長留人間（詳見司馬遷，《史記》，頁 2627），但他終究做了一件在個人行徑上可說已臻極致的捨利取義要事示範。

[20] 司馬遷，《史記》，頁 2145。

也」而「無羞恥（惡）之心，非人也」[21]，那麼一味貪求饒益就屬無羞惡心的非人才幹得出來的，它已在嗜利端曝光而合該遭遇義德的準繩。因此，這世上就有了另一個難題需要解決：就是到底有什麼更好或更充足的理由大家要取義捨利。

對於這個難題，我們可以從現實面和理想面來思考因應。在現實面上，可以肯定只有義行才能保障秩序化的生活；而它在個人即使有所取得，也會像衛國大夫公叔文子那樣「義然後取，人不厭其取」[22]。反過來，嗜利就會是社會的亂源所在[23]，所謂「太史公曰：余讀《孟子》書，至梁惠王問何以利吾國，未嘗不廢書而歎也。曰：嗟乎，利誠亂之始也！夫子罕言利者，常防其原也。故曰『放於利而行，多怨』。自天子至於庶人，好利之弊何以異哉」[24]，這驗諸任何一個時代，都不可能有反例，也沒有人會相信生存空間受到威脅不是緣於利欲薰心者所造成的。於是捨利取義，就等於在保障你我的優著生活無虞。

至於在理想面上，乃為了能有一個美好政體來穩定發展秩序化的生活。古代有所謂「大同社會」的制度設計[25]，當中「選賢與能，

---

[21] 孫奭，《孟子注疏》，頁 65、66。

[22] 據《論語》所載「子問公叔文子於公明賈曰：『信乎夫子不言不笑不取乎？』公明賈對曰：『以告者過也！夫子時然後言，人不厭其言；樂然後笑，人不厭其笑；義然後取，人不厭其取。』子曰：『其然！豈其然乎？』」（邢昺，《論語注疏》，頁 125），可知公叔文子是個活榜樣（縱使孔子仍有點信不過）。

[23] 好比李斯，在「年少時，為郡小吏，見吏舍廁中鼠食不絜，近人犬，數驚恐之。斯入倉，觀倉中鼠，食積粟，居大廡之下，不見人犬之憂。於是李斯乃歎曰：『人之賢不肖譬如鼠矣，在所自處耳！』」這都一心向利看，導致往後入仕敗德亂政難以收拾：「太史公曰：……斯知六藝之歸，不務明政以補上之缺，持爵祿之重，阿順苟合，嚴威酷刑，聽高邪說，廢適立庶……被五刑死……」（司馬遷，《史記》，頁 2539、2563）正可為戒！

[24] 司馬遷，《史記》，頁 2343。

[25] 孔穎達等，《禮記正義》，十三經注疏本，臺北：藝文印書館，1982 年，頁 413。

講信修睦」、「人不獨親其親，不獨子其子」、「使老有所終，壯有所用，幼有所長，矜寡孤獨廢疾者皆有所養」、「男有分，女有歸」、「貨惡其棄於地也，不必藏於己」和「力惡其不出於身也，不必為己」等，基本上就是一種公共的義行，它由集體意志來摶造踐履，從而締造一個「謀閉而不興，盜竊亂賊而不作」和「外戶而不閉」的終極和平國度。

如果說從個人的「利令智昏」[26]發端，到上下交征利而使國家危如累卵，那麼捨利取義就是重返馴良淳善社會的唯一保證；而這必須是羣社的每個人都有此識見和承擔，該一保證才能真正的有效。因此，在現實面消極的不讓社會混亂脫序，而在理想面積極的創設美好政體，所要的取義捨利一事就有了穩固的理論基礎。

此一理論基礎所意示期許一個美好政體的實現，也許杳如黃鶴而只能將想望高懸[27]，但對於有關防亂的義行要求，卻是多有典型在夙昔而很值得大家取以為殷鑑仿效（因為社會的混亂脫序，就是有人逕往那典型的反面行去）。如：

> 桃應問曰：「舜為天子，皋陶為士，瞽瞍殺人，則如之何？」孟子曰：「執之而已矣！」「然則舜不禁與？」曰：「夫舜惡得而禁之？夫有所受之也。」「然則舜如之何？」曰：「舜視棄天下猶棄敝蹝也，竊負而逃，遵海濱而處，終身訢然，樂而忘天下。」[28]

---

[26] 司馬遷，《史記》，頁 2376。

[27] 就像中國傳統有理想大同社會的設計，卻尚未在任何一個朝代實現過，但仍無妨它懸著成為後世人戮力以赴的終極目標。參見周慶華，《走上學術這條不歸路》，新北：生智文化公司，2016 年，頁 42～44。

[28] 孫奭，《孟子注疏》，頁 240～241。

楚昭王有士曰石奢，其為人也，公而好直，王使為理。於是
道有殺人者，石奢追之，則父也。還返於廷，曰：「殺人者，
臣之父也，以父成政，非孝也；不行君法，非忠也；弛罪廢
法，而伏其辜，臣之所守也。」遂伏鈇鑕，曰：「命在君。」
君曰：「追而不及，庸有罪乎？子其治事矣。」石奢曰：「不
然！不私其父，非孝也；不行君法，非忠也；以死罪生，不
廉也。君欲赦之，上之惠也；臣不能失法，下之義也。」遂
不去鈇鑕，刎頸而死乎廷。[29]

後者是俱在的事實；而前者雖然是孟子的設想，但衡諸實際也無不
可能。一個忠於職事，一個忠於孝親，彼此都有「捨生取義」[30]的
意味（舜棄帝王尊位如破鞋，可列在廣義的捨生取義範圍）。這固然
也常被解釋成國人在面對「份位原則」（關注在人際互動的關係網絡
中，當事人在他份位上的絕對要求）和「行事原則」（所關切的是導
源於行為本身價值的絕對要求）的價值衝突時，常以「份位原則」
的優先性作為抉擇的依據[31]，但它們的取義捨利考量確是此中最令
人景仰的地方。換句話說，孝親就當如舜那般（否則就只剩沽名釣
譽邪念）；而盡職就應像石奢那樣（不然必有巧詐偽飾存心），社會
的亂源才能得著徹底的杜絕。倘若不是這樣，人人貪圖名位或但謀
己私，而棄親於不顧或瀆職卸責，那麼這個社會不亂才怪！由此可
見，捨利取義對維繫秩序化生活以及進而締造美好政體（足以讓人

---

[29] 韓嬰，《韓詩外傳》，增訂漢魏叢書本，臺北：大化書局，1988 年，頁 390。
[30] 孫奭，《孟子注疏》，頁 201。
[31] 詳見沈清松編，《中國人的價值觀──人文學觀點》，臺北：桂冠圖書公司，1993
年，頁 1〜25。

適性去發揮才能）的重要性。

四、西式試圖由實然利推演出應然義的不可從

在實然利和應然義之間，只有捨和取的問題，而沒有任何邏輯可以連接它們成一個道德命題。如果有的話，那就不在我們這邊，而明存於西方人的嘗試裏。西方社會古來有「正義」觀在範限人的行為且純屬倫理學課題，但近代興起的功利主義卻妄想結合「功利」和「正義」，企圖有條件地將實然的功利命題推演出應然的正義命題，而釀成甚多後遺症，可能連西方人自己都莫名當中的癥結。

西方人的正義觀歷來縱有各種效益主義或公平理論在支持著[32]，而倫理學上所有應然的道德規範也無從實然的現實事物推論得到[33]（如從「張三沒有錢」無法導出「我們應該給張三錢」）；但在一種制約性義務或法規性義務的限定下，卻被認為從實然的前提確實能夠推演出應然的結論[34]（如從「我答應給張三錢」就可以導出「我應該給張三錢」）。就因為有這種承諾法規的存在，使得功利主義和正義課題二者開始產生巧妙的連結。也就是說，功利主義的效益考量[35]（所有行為的是非，都必須以它能否增進人類幸福為判斷標準），在某種程度上會合理化個人的行為。比如「自利可以促進

---

[32] 詳見柏拉圖（Plato），《柏拉圖理想國》（侯健譯），臺北：聯經出版公司，1989年；羅爾斯（John B. Rawls），《正義論》（何懷宏等譯），北京：中國社會科學出版社，1988年；諾齊克（Robert Nozick），《無政府、國家與烏托邦》（何懷宏等譯），北京：中國社會科學出版社，1991年；阿德勒（Mortimer J. Adler），《六大觀念》（劉遐齡譯），臺北：國立編譯館，1986年。

[33] 參見臺大哲學系主編，《當代西方哲學與方法論》，臺北：東大圖書公司，1988年，頁121～145。

[34] 參見黃慶明，《實然應然問題探微》，臺北：鵝湖出版社，1985年，頁183～207。

[35] 詳見穆勒（John S. Mill），《功利主義》（唐鉞譯），北京：商務印書館，1962年。

物質福份的增加」的變相功利主義信條，就會隨著出現而受到肯定[36]。而這被社會契約化了以後，公平正義就由它的效益來從新界定，造成實然的功利無慮足以推演出應然的正義：也就是既然自利可以促進物質福份的增加，那麼大家就應該追求自利，並且不能阻止或防礙別人追求自利，馴致正義論在此地全然獲得了保障。而後果則是資本主義和殖民主義就這般也被西方人予以合理化了，因爲那也是要讓普世人都能享有物質福份，不應該遭到反對。

　　問題是，非西方世界中人爲何要接受這樣的觀念且參與行動，而西方人又如何的在誤解自己所從來及其將要前去所會面臨的險巇情境？且看下列這段論述：

> 默頓認為清教倫理有如下三條原則：（一）鼓勵人們去頌揚上帝，頌揚上帝的偉大，是每個上帝臣民的職責；（二）讚頌上帝的最好途徑，或者是研究和認識自然，或者是為社會謀福利，而運用科學技術可以創造更多的物質財富，所以大多數人應去從事科學技術和對社會有益的職業；（三）提倡過簡樸的生活和辛勤勞動，每個人都應辛勤工作，為社會謀幸福，以此感謝上帝的恩德。[37]

默頓（Robert K. Merton）的評論，指的是西方創造觀型文化在基督教興起後的一大衍變。原來基督教獨立自希伯來宗教（猶太教）為廣招徠信徒而新加入「原罪」觀念，導致了西方世界長期以來所極力著眼推廣的功利生活形態。由於有原罪教條的強爲訂定，所以造

---

[36] 參見周慶華，《閱讀社會學》，臺北：揚智文化公司，2003 年，頁 163～164。

[37] 潘世墨等，《現代社會中的科學》，臺北：淑馨出版社，1995 年，頁 114。

成必須尋求救贖（以便重回天國）而出現明顯的塵世急迫感。這種急迫感的「積重難返」，就是到了十六世紀宗教改革後新教徒（並一起刺激帶動舊教徒）相關反應的逾量表現：新教徒脫離天主教教會後所強調的「因信稱義」觀念，逐漸演變成要以在塵世累積財富和創造發明（包含哲學、科學、文學、藝術等等建樹翻新）來榮耀上帝或當作特能仰體上帝造人「賜給他無窮潛能」的旨意而不免會躁急蹙迫；尤其在資本主義和殖民主義隨著矯為成形後，更見這種過度的煩憂[38]。而該一觀念既然定型了，那麼相伴的耗能遺禍和殖民災難等，就隨後四處蔓延，一直到今天仍未稍見緩和。

上述那段話所提及新教徒遵守的三個倫理信條，表面上有相互衝突的現象（如第三個信條就跟第二個信條很不搭調），其實不然！因為只有過著簡樸的生活，才能累積財富以傲人。而新教徒所以要有這類的現世成就，一方面是想藉它來尋求救贖（冀望可以獲得上帝的優先接納而重回天國）；一方面則是想展現自己的本事而媲美上帝的風采。此外，新教徒所認為的為社會謀福利（創造更多的物質財富）一事，明顯是基於前面所述「自利可以促進物質福份的增加」那個理念，但它所以可能卻是建立在「塵世是短暫的不值得珍惜」（可以無止盡的開發利用；即使耗用完了也不足惜）的前提上；而這已經衍生成地球的資源日益枯竭，且因科技發達所帶來的環境汙染、臭氧層破洞、溫室效應和核武恐怖等後遺症無法解決[39]。

事實上，自從功利思想和正義主張結合在一起以後，人世間就不再有平靜日子可過。不但「馬太效應」始終在喚起權力予奪的爭

---

[38] 參見周慶華，《靈異學》，臺北：洪葉文化公司，2006年，頁250。
[39] 參見周慶華，《反全球化的新語境》，臺北：秀威資訊科技公司，2010年；《生態災難與靈療》，臺北：五南圖書出版公司，2011年；《文化治療》，臺北：五南圖書出版公司，2012年。

獰面目[40]，而且連「光是成功不够，還要其他人失敗」[41]這類違背人道的缺德行爲也一再的流衍漫漶；甚至基於紅海廝殺的獲利前提「創新」，更被貼上殘忍掠食的恐怖標籤：

> 通常是掠食使創新成為可能。現今最富有的法國人阿諾特的專業歷程就充分證明這個論點……阿諾特趁紡織業於法國衰落且法國政府無力保障紡織就業之際，大肆以低廉價格購併資產。後來他以這些「趁人之危」取得的資金發動一場法律及財務戰爭，而取得 LVMH 集團的控制權，進而建立一家生產複合產品的跨國公司，旗下包括迪奧、軒尼詩干邑、瑪喜爾香檳和 LV。[42]

這種掠食的極致，就像當今的美國絕不放棄在經濟和科技等方面領先世界各國而維持它的霸權[43]；而該霸權所伴隨著對他國的干涉，早就使它變成最大的恐怖主義國家（近半個多世紀以來，美國在世界大半個地區動輒訴諸武力而受害者不計其數）[44]，這就是創新的真實面目。因此，西方人走的這條功利變正義的邏輯道路，顯然偏

---

[40] 新約《聖經·馬太福音》載有「凡有的，還要加給他，叫他有餘；沒有的，連他所有的也要奪過來」（香港聖經公會，《聖經》，新標點和合本，香港：香港聖經公會，1996 年，頁 31），這種給予／奪取的權力戲碼，就是現今西方人所帶動政治、社會、經濟和科技等全球化不斷在搬演的。
[41] 王竹語，《尋找一首詩》，臺中：好讀出版公司，2009 年，頁 191 引美國作家維多（King Vidor）語。
[42] 維葉特（Michel Villette）等，《偉大的企業家都嗜血？從掠食者到商場英雄的成功之道大揭密》（洪世民譯），臺北：財信出版公司，2010 年，頁 21。
[43] 詳見奈伊（Joseph S. Nye），《權力大未來：軍事力、經濟力、網路力、巧實力的全球主導》（李靜宜譯），臺北：天下遠見出版公司，2011 年，頁 287。
[44] 詳見喬姆斯基（Noam Chomsky），《9-11》（丁連財譯），臺北：大塊文化出版公司，2002 年；《恐怖主義文化》（林佑聖等譯），臺北：弘智文化公司，2003 年。

移傾圮太過嚴重了，誰也不敢打包票它有能耐叫人繼續信從！再說是不是真有天國可去仍然未知，而能夠確信的是我們還要在這個地球上生存，如此糟蹋蹂躪環境和荼毒險惡人心等行徑，形同是要把大家逼向絕境，苦果永遠會在及身應驗嚐盡！

五、中國傳統氣化觀型文化可以此一重義輕利為揮擊點

義或正義概念的介入，使得道德範域終於有了明確的節點；而這在理論上也被歸結出了天道主義的道德觀、自然主義的道德觀和功利主義的道德觀等多種形態[45]。當中西方近代所流行的功利主義的道德觀，東傳後正快速在侵蝕我們原有的天道主義和自然主義的道德觀。

本來是「各行其是」，西方人信守創造觀，以人隸屬於上帝，而人和人之間只要平等對待且不相互侵犯，基本上就能夠維持社會和諧而有效率的運作；這也促使他們想到設計一個網狀的政治結構以便於共治，以及發展資本主義來榮耀上帝並代上帝實現在塵世締造樂園的承諾。反觀中國人，因為信守氣化觀，而發展出積極性的天道主義的道德觀（如儒家的依據天命以規範人倫）和消極性的自然主義的道德觀（如道家的依循自然而無所作為）；而在必要的時候，以差等為前提，形成一個金字塔形的政治結構而讓賢能者在位治理天下，並且在經濟生活上強調節制私利以成就公利，最終轉而福利低收入者而造就一個大同的社會。

只不過很遺憾的，從晚世以來中西方不對等的文化交流，導致民主政治在中土社會蔓延（1949 年以後中共取得大陸政權而行共黨

---

[45] 詳見陳秉璋，《道德規範與倫理價值》，臺北：國家政策研究資料中心，1990 年。

極權專政，另當別論），增多了可欲的場域（人人都有很多機會參政和藉機謀取利益），而使原先賢能者在位和「民為貴，社稷次之，君為輕」[46]的理想更難實現，倒是躁進奔競謀大位和爭權力的風氣更甚往昔；同時所輸入的資本主義和科技文明（跟資本主義為孿生體），也一方面合理化了人的私欲（卻吝於回饋給社會），一方面挑起了人的不安情緒和非分妄想，以至社會日漸陷入混沌狀態；而生活也充斥著急功近利且沒有明天的危機感。這都是本身體質難變，缺乏西方式的平等觀念，以及學不來滿足私利以成就公利的功利主義遊戲規則（難以想像西方國家那種高課稅以促進福利社會的情況能在國內出現）的結果[47]。更何況該功利主義經由全球化後所造成地球千瘡百孔的能趨疲（entropy，熵）險境，凡是傾心相隨以討得影附榮光的人更無法擺脫它的威脅，即將優先覆滅的命運已然難能回轉。

在這種情況下，要嘛跟西方人一起流墮至死；要嘛自我奮起從新召喚傳統足以永續經營的捨利取義途徑，予以勉為實踐。顯然在舉世滔滔別無救渡船筏的當下，只有後面這一途徑才有可能發揮拯危濟傾的功效。而眼前最要緊的是，先從己身作起，並對不能如是的全球化浪潮加以批判，直到它趨緩改向為止。這樣無可通約的應然義 VS.實然利，不啻就成了我們氣化觀型文化最具魅力的一個揮擊點。

---

[46]　孫奭，《孟子注疏》，頁 251。
[47]　參見周慶華，《中國符號學》，臺北：揚智文化公司，2000 年，頁 78～79。

第四章　君子仁愛 VS.教徒博愛：中國傳統氣化觀型文化的一個優著點

一、至高道德的呼喚

道德作為實然人際關係的應然行為規範，在中國傳統上它又被推到必要君子所上契修為「仁愛」的境地。這是相應於氣化觀此一世界觀而對倫常所作可能的極致性限定，早已在中土社會繁衍為一德業光譜，也就是由仁心→仁行→仁政所構成人的在世存有典則。

從有仁愛的心意到化為仁愛的行動到施作於仁愛的政治後，一個具充分道德浸潤的社會就會「焉然成形」[1]。這時所抽離出來的「仁愛」概念，在整體社會還未能如此踐行前，它就成了對人的「至高道德的呼喚」（理應以聖德為最高，但聖德所期待於聖人僅限於居高位者，不如仁愛可以普遍寄望而顯相對的至高性）。

這是說在所有可能的理應行為要求中，仁愛德行最能够維繫實際的人際關係於不墜，它的可被寄望遠比其他諸如忠孝禮義信廉等德行更為殷切[2]。因此，從「相人偶」字體的構成[3]，還不足以看出

---

[1] 孔子說的較多是仁行的部分。至於仁心和仁政的部分，則是到了孟子才特別予以補充衍繹。所謂「惻隱之心，仁之端也」、「仁，人心也」、「王如施仁政於民（則無敵）」和「君行仁政，斯民親其上，死其長矣」（孫奭，《孟子注疏》，十三經注疏本，臺北：藝文印書館，1982 年，頁 66、202、14、45），這不處將仁愛此一德業光譜合該有的前後兩端都說盡了。

[2] 忠孝禮義信廉等德性，都屬於「盡本分」範圍，為人稍作體察就可以踐行；而仁愛則牽涉到「立達他人」較深沈艱難的舉措，成就後會帶動羣體向上，是一具崇高性的德性。也因此，才有「（令尹子文）忠矣……焉得仁」、「孝弟也者，其為仁之本與」、「人而不仁，如禮何」和「克伐怨欲不行焉……可以為難矣，仁則吾不知也」（邢昺，《論語注疏》，十三經注疏本，臺北：藝文印書館，1982 年，頁

人際關係必須有超越實然層次的價值紐帶來縉結的，就得進一步予以賦義而讓它的範限極致化。這樣經過添詞後的「仁愛」一義所擔起的德行表率，從來有固著於典籍的就要勉為汲引並加以標榜，使得相關議題的討論有一個穩定的起點。

論及這個起點，自然是以孔子該一最早賦義者的套裝說詞為準則。他的識見已經超出詩書先有的著錄取義範圍[4]，而朝著君子在個別化德業上的終極表現端演繹發揮[5]。所謂「君子去仁，惡乎成名」、「夫仁者，己欲立而立人，己欲達而達人」、「（仁者）己所不欲，勿施於人」、「仁者先難而後獲」、「克己復禮為仁」、「仁者，其言也訒」和「能行五者（恭寬信敏惠）於天下，為仁矣」[6]等，都是以推己及人的仁德著心到相應的行動引路，一體成形，從而確立孔子自己作為仁學創發者的角色。

由此可知，上述那一「至高道德的呼喚」，實則是孔子有見於人間社會不能缺少它的摶成諧和所率先發起的。而這一旦必要且可行於普世，它的卓偉道德特徵就會明朗化，因此顯現一種文化的深層美善範域。

44、5、26、123）等階次差異的說詞存在。

[3] 字書注有所謂「仁，相人耦」（段玉裁，《說文解字注》，臺北：南嶽出版社，1978年，頁396）的說法，它僅能就形體釋仁，並未將社會可能的價值賦義一併帶上。

[4] 仁字已在早期的典籍裏出現，如「洵美且仁」（孔穎達等，《毛詩正義》，十三經注疏本，臺北：藝文印書館，1982年，頁163）和「予仁若考」（孔穎達等，《尚書正義》，十三經注疏本，臺北：藝文印書館，1982年，頁186）等，但都不曾有進一步的說解闡明，還看不出它在德行中的高價位。

[5] 君子作為一個具「文質彬彬」特性的人格典範，他所能上契的德業在個別化上就到仁行的層次；再往上博施濟眾式的集體化仁政，則得等他一朝在位才能寄予厚望而高揚聖德推恩澤世。參見周慶華，〈郁郁乎文君子 VS.鄙野小人——中國傳統氣化觀型文化的一個爭勝點〉，刊於《孔孟月刊》第55卷第9~10期，2017年，頁1~10。

[6] 邢昺，《論語注疏》，頁39、55、106、54、106、106、155。

正因爲仁愛是文化的深層美善範域（有別於忠孝禮義信廉一類德性的表層美善範域），以及它在君子養成過程所要上契卻又不能不顯相當難度[7]等，所以攸關此一德業的底蘊也就有需要強予掀揭疏通，以便讓它有脈絡可尋且足以據爲跟他系道德進行對列逞論。換句話說，仁愛典則的成形不是憑空而起，背後必有此項德業要求的原由可以探知；而想將它引爲從新益世的參鏡，也得先把當中的文化背景作一點釐清，隨後的「競比取優」說也才能順勢推衍張皇。

二、確立仁愛一義的文化背景

在此地將「仁愛」相連爲說，是以仁來限定愛，而有異於佛教所說愛欲或時流所說愛情中的愛。後者不是耽於執取[8]，就是沉迷於私戀[9]，都不是推己及人的愛所能相比。而所以如此給仁字添詞，除了論述可以方便稱呼，主要還是緣於孔子師徒的對話中已有此一陳案[10]，實在不好逕自脫略而別爲取義。

---

[7] 即使是仁行（還不到仁政層次），想要上契也不是那麼容易（誰能始終或一逕的推己及人呢）。這也就是立說者孔子不輕易以仁許人，而他自己也僅能自期學不厭教不倦罷了。所謂「子曰：『回也，其心三月不違仁，其餘則日月至焉而已矣。』」、「子曰：『若聖與仁，則吾豈敢？抑爲之不厭，誨人不倦，則可謂云爾已矣。』」（邢昺，《論語注疏》，頁 52、65），說的正是。

[8] 佛教所說的愛欲，是「無明行識名色六入處觸受愛取有生老死」此十二因緣中的一支，跟它另有慈悲善業不類，乃具染汙義。參見吳汝鈞，《佛教的概念與方法》，臺北：臺灣商務印書館，1988 年，頁 286～315。

[9] 時流所說的愛情，觀念多來自西方，而辯者甚夥，但都不離私戀性質。詳見包曼（Zygmunt Bauman），《液態之愛》（何定照等譯），臺北：商周出版社，2007 年；阿姆斯壯（John Armstrong），《愛情的條件——親密關係的哲學》（邵宗螢譯），臺北：麥田出版社，2009 年；吉普妮斯（Laura Kipnis），《反對愛情：那些外遇者教我的事》（李根芳譯），臺北：行人文化實驗室，2010 年。

[10] 《論語》載有「樊遲問仁。子曰：『愛人。』」（邢昺，《論語注疏》，頁 110），而據此以「仁愛」連稱，前面所述及的「君子去仁，惡乎成名」等條例，就更能

　　不論仁愛在發心的過程中是否有天命授意，它都要暫時擱置可能的形上道德源頭，而將仁愛當作即身性或後驗性的應然許諾。否則，有些矛盾的說詞就會冒出來攪擾。例子如：

　　　子曰：「仁遠乎哉？我欲仁，斯仁至矣！」[11]

　　　子曰：「天生德於予，桓魋其如予何？」[12]

所謂「我欲仁」，是把仁愛行為當成應然命題；但「天生德於予」卻又將它推向實然命題處（文中的德當涵蓋仁愛行為一項），不免相互鑿枘，想要加以圓說總會遇到「理論上多有不許」的困境。後者是說實然命題只有在特殊的制約性義務或法規性義務前提下，才有可能輾轉演繹出應然命題（如從「李四答應為王五跑腿做事」就可以導出「李四應該為王五跑腿做事」）[13]；而仁愛這一直捷性的行為卻不具該類條件。此外，仁愛的表現也不合比配於西方如康德（Immanuel Kant）所立說的出自實踐理性[14]。該實踐理性以道德律為純義務形式，而背後又預設著自由意志、上帝存在和靈魂不滅等準則，看似「理從義順」，實則是大違實際情況[15]。換句話說，仁愛

顯現出仁德是在提攜或澤被他人的愛意中成就的。

[11] 邢昺，《論語注疏》，頁 64。

[12] 邢昺，《論語注疏》，頁 63。

[13] 參見黃慶明，《實然應然問題探微》，臺北：鵝湖出版社，1958 年，頁 183～207。

[14] 詳見康德，《實踐理性批判》（鄧曉芒譯），北京：人民出版社，2004 年。

[15] 康德亟欲將道德和情感分離的作法，在現實中很容易踢到鐵板，畢竟世人行使道德時幾乎都是出自同情憐憫甚至心靈衝動，很少把它當作純粹的義務。參見包爾生（Friedrich Paulsen），《倫理學體系》（何懷宏等譯），北京：中國社會科學出版社，1997 年，頁 298～304；海頓（Gary Hayden），《離經叛道的哲學大冒險》（邱振訓譯），新北：立緒文化公司，2016 年，頁 199～204。

的推己及人作爲是以同情共感爲基礎的，不是單方面且硬性的當它爲自身義務（而不在意別人的感受）。

　　排除仁愛德行的先驗定性後，在接續的有關文化背景追探上就會比較少罣礙（至少不必再費心於解決「爲何人不是實際具有仁愛德行而是應該具有仁愛德行」的爭議問題）。這總說是氣化觀此一世界觀使然；分說則是因爲有氣化觀此一世界觀的先行存在，而後才有大家鑑於已然成形的人際關係必須透過仁愛德行來維繫，以便現實社會能够秩序化的運作而日漸臻於美善境地。

　　中國傳統所見的世界觀，是以精氣化生萬物爲前提的。所謂「陽之精氣曰神，陰之精氣曰靈。神靈者，品物之本也」[16]、「二氣感應以相與……天地感而萬物化生」[17]、「凡人物者，陰陽之化也」[18]、「天地合氣，命之曰人」[19]和「氣凝爲人」[20]等，都在顯明此義。根據這個前提，整體哲思就繁衍出道（相掩氣化過程或理則）的終極信仰，以及順道而演實的各種觀念／規範／表現／行動系統[21]。這結果爲文化形態，已自成一格，可以定性稱爲氣化觀型文化[22]。

---

[16] 戴德，《大戴禮記》，增訂漢魏叢書本，臺北：大化書局，1988 年，頁 508～509。

[17] 孔穎達，《周易正義》，十三經注疏本，臺北：藝文印書館，1982 年，頁 82。

[18] 高誘，《呂氏春秋注》，新編諸子集成本，臺北：世界書局，1978 年，頁 260。

[19] 白雲觀長春眞人編纂，《黃帝內經素問》，《正統道藏》第 35 冊，臺北：新文豐出版公司，1995 年，頁 720。

[20] 王充，《論衡》，新編諸子集成本，臺北：世界書局，1978 年，頁 202。

[21] 依統攝材料的方便，將文化視爲人們展現創造力的歷程及其成果的整體，而從中再分出終極信仰、觀念系統、規範系統、表現系統和行動系統等五個次系統。參見沈清松，《解除世界魔咒——科技對文化的衝擊與展望》，臺北：時報文化出版公司，1986 年，頁 25～29。

[22] 這跟他系文化如西方創造觀型文化、印度佛教興起的緣起觀型文化等截然不同。詳見周慶華，《語言文化學》，臺北：生智文化公司，1997 年；《轉傳統爲開新——另眼看待漢文化》，臺北：秀威資訊科技公司，2008 年；《文化治療》，臺北：五南圖書出版公司，2012 年。

在氣化觀型文化中，原也可以任由各種人際關係自然存在，一如道家向來所主張的「掊斗折衡」或「絕聖棄智」[23]那樣；但人既然已經化生且虯結在一起，不去思考怎麼過有秩序的生活，顯然就要等著看人間社會亂成一團，而無從想像前景，更遑論寄望未來了。這是說緣於精氣本身有質差（純度不同）的關係，大家不可能都像道家人物知道「自愛自重」而讓所有的人倫規範失去作用，以至相關的道德法式就給儒家信徒見微知著的予以「建置完成」。而當中仁愛德行乃人間社會最迫切要深著廣揚的，只有它才是美善的秩序化生活的終極保障（很難想像大家在過集體的家族或政治生活時，不靠推己及人的仁愛修為而只顧自私自利，那將會是怎樣的恐怖情景）。因此，在氣化觀型文化的氛圍裏，僅能著眼人羣而別無可關注的情況下[24]，仁愛德行縱使再「強人所難」，也要黽勉以赴，畢竟這是你我想擁有和諧環境可藉以恆久寄身且適性發展的唯一途徑。

三、在實踐中遇到了來自西方博愛的挑戰

上述的文化背景說，在相對上也容許反向去推先有仁愛要求才有氣化觀的定形。但這不容易說得通，因為這種逆向界說會遇到難以「以偏概全」的困擾（也就是除了仁愛，還有更多觀念、制度和行動等都得從氣化觀來演繹，不可能待它們都具備了才逆推出氣化觀的存在）。即使有可能如此，那也不免要淪為「先有雞還是先有蛋」疑難的無謂糾葛，終究不如「人到底又如何可能仁愛」的後續待決

---

[23] 分別見王先謙，《莊子集解》，新編諸子集成本，臺北：世界書局，1978 年，頁60；王弼，《老子道德經注》，新編諸子集成本，臺北：世界書局，1978 年，頁 10。
[24] 這不像西方創造觀型文化另有造物主可以懸想測度而孳生甚多非純世間事物的衡量計慮。

問題有意思。

　　這個問題所以有意思，乃因人際關係是實然狀態，加入應然的仁愛德行要求後，它從孔孟以來就為內裏的先天才具或後天學習辯說萬千，卻又不盡能給大家祛疑（也就是仍有人還是鐵板一塊，既乏仁愛潛能又無薰陶途徑），形同疑案積深，已經到了不得不叫人「感慨系之」的地步！此外，一個來自西方更盛勢嚇人的教徒所有博愛觀念傳來了，它要挑戰的是尚未普遍施行仁愛的中土聖壇，在「一入一出」間越發讓人覺得畸敧弔詭得很！這究竟又要怎麼疏通，就成了另一個「大哉問」！

　　基本上，也沒有人有辦法解決前面的疑案，只能說既是應然規範且又不得已於現實情境（文化背景），那麼大家就不計一切的戮力從事，以展現無所枉生為人的氣度和理想性；否則活在此地社會，又要靠什麼成名或了無憾恨？正如孔子所說的「君子去仁，惡乎成名」（見前），這當是再中肯也不過了。至於後面的難題，就有待一番「文化大對決」，才能加以化解。

　　我們知道，仁愛德行在被範限的過程中是有附帶條件的，就是但求致力於推己及人，而不強設終點績效。也因此，這就有兩個必顯差等性的行動準則：一個是能力不足的准許半途而廢；一個施行順次乃由近及遠或從親到疏，毋須躐等逞能，也不宜強迫對方接受。這在孔孟時代就清楚表示過了：

　　　　冉求曰：「非不說子之道，力不足也。」子曰：「力不足者，中道而廢，今女畫。」[25]

25　邢昺，《論語注疏》，頁 53。

孟子曰:「君子之於物也,愛之而弗仁;於民也,仁之而弗親。親親而仁民,仁民而愛物。」[26]

前者爲人的行德進程預留了彈性空間,能少者不必有過多的心理負擔;後者爲人的行德對象標畫了界線(親厚親人、仁惠百姓、愛惜萬物),以免浮濫施措而徒勞無功。彼此都嵌進了差等法則,不時興定言令式,也無所謂規約義務,一切儘仿氣的流動順勢量能而爲。

但很遺憾的,這樣最契合國人所需的德行精蘊還在期待普遍落實之際,一個新式的道德命題及其相關的作爲強來廝纏了,它就是西方基督教興起後特別訂製且藉由數個世紀殖民征服廣被的博愛新令。這對中土社會來說,不但企及無望,而且還會鬆懈自我只需求於仁愛的警覺。也就是說,當國人發現他方好像有更宏闊規模的道德慮度後,一旦短少了思辨鑑別,難免就會由歆羨轉爲暗自悲憐;殊不知那根本是「鑿空立論」,早就全面埋下了偌多不安的因子。

緣故就在西方博愛教條所明訂的「要愛人如己」[27],從來就是一個大爲違反人性的指令。它的詭爲奇巧不只包括「要愛你的仇敵」[28],並且還得高度忍受「有人打你的右臉,連左臉也轉過來由他打」[29]這類莫名的恥辱。這別提對非西方世界的人來說完全無法想像,就連西方世界的人也不斷在發出疑問。如:

---

[26] 孫奭,《孟子注疏》,頁 244。
[27] 香港聖經公會,《聖經》,新標點和合本,香港:香港聖經公會,1996 年,頁 53～54。
[28] 香港聖經公會,《聖經》,頁 6。
[29] 香港聖經公會,《聖經》,頁 5。

如果徹底遵守這個誡命，我們勢必跟自己本能的行為以及現實世界的境況決裂。[30]

愛的感覺是無法強求的，因此以它作為道德的保障也是頗為可議的。「尊重別人，雖然你並不愛他」肯定是比較容易實踐的要求。[31]

這種博愛的心腸，不論是多麼的高尚和寬大恢宏，對任何人來說，很可能是一個使他無法真正快樂起來的原因。[32]

所謂「跟自己本能的行為以及現實世界的境況決裂」、「愛的感覺是無法強求的」和「無法真正快樂起來」等，都暗示了博愛只是在打高空，進入現實世界它就得處處見疑而變成人性體現道德的一種障礙。但很無奈的，它卻早已在宗教強勢推動且結合政治、軍事和科技等力量傾銷到世界各地；而我們從近代以來所迫於該一文化征服的，也同時自我喪失了洵美的格調，從此情意四處流移而道德也漫無止歸。

四、博愛施處所見人為災禍廣延深重

---

[30] 詹姆斯（William James），《宗教經驗之種種》（蔡怡佳等譯），新北：立緒文化公司，2004 年，頁 338。

[31] 普列希特（Richard D. Precht），《我是誰？——如果有我，有幾個我？》（錢俊宇譯），臺北：啟示出版公司，2010 年，頁 309。

[32] 史密斯（Adam Smith），《道德情感論》（謝林宗譯），臺北：五南圖書出版公司，2007 年，頁 424。

　　儘管有人極力在為博愛這種教條作辯護，聲稱那只是表達一種意願而不是指真實的情感狀態[33]，但有關它的無止盡發衍，的確給自己帶來了具反諷性的負面效應：不僅教內的信徒不接受而讓它徒留於形式[34]，還有因實際仇敵環伺所引生的恐懼也會使它遭到徹底的背棄[35]，以及某些強以它作為立國精神的國度（如法國）更是一向不乏排外和種族歧視的紀錄[36]。此外，因諸般因素而朝向它反面走去的惡行，也早就穢跡滿目：

> 這條精神法則在反方面產生了可怕的作用。德國人起初虐待猶太人也許是因為恨他們，後來因為虐待，恨之愈甚。人越殘忍，恨就愈甚；恨若愈甚，就越殘忍，以至永遠處在惡性循環當中。[37]

這在先前的十字軍東征、宗教內戰和殖民征服過程中所進行的種族屠殺等[38]，不啻全然見證著錄了一部博愛的匱缺史。馴致那些還在宣稱博愛是一種「無私的愛」而肯定基督教對人類文明的深遠影

---

[33] 詳見路易士（C.S.Lewis），《反璞歸真——純粹的基督教》（汪詠梅譯），臺北：五南圖書出版公司，2016 年，頁 163～164。

[34] 詳見劉福增主編，《羅素論中西文化》（胡品清譯），臺北：水牛出版社，1988 年，頁 73～74。

[35] 詳見路易士，《反璞歸真——純粹的基督教》，頁 147～153。

[36] 詳見吳錫德，《法國製造：法國文化關鍵詞 100》，臺北：麥田出版社，2010 年，頁 212～213。

[37] 路易士，《反璞歸真——純粹的基督教》，頁 166。

[38] 詳見喬姆斯基（Noam Chomsky），《恐怖主義文化》（林祐聖等譯），臺北：弘智文化公司，2003 年；希鈞斯（Christopher Hitchens），《上帝沒什麼了不起：揭露宗教中的邪惡力量》（劉永毅譯），臺北：小異出版社，2009 年；布魯瑪（Ian Buruma）等，《西方主義：敵人眼中的西方》（林錚顗譯），臺北：博雅書屋公司，2010 年。

響[39]，以及從宗教改革中覷見新教倫理有助於資本主義興起而推動了現代化的進程[40]等言說，就都刻意略去裏頭的血腥染色及其生態災難蔓延的事實！

　　事情所以會演變到這個地步，關鍵就在博愛教條實際上是爲佞神而存在的。由於基督教還預設了違背上帝旨意的原罪觀：「罪是從一人（指亞當）入了世界，死又是從罪來的，於是死就臨到眾人，因爲眾人都犯了罪」[41]，以至最終要尋求上帝的寬恕，此項罪惡才能得到洗滌。而這點信息，就蘊涵在它更優先的誡命中：「你要盡心、盡性、盡意、盡力愛主──你的神。」[42]換句話說，只有愛上帝才可以得救，而「要愛人如己」這一僅僅是仿神愛人的信條就成了幌子，基本上是可有可無（有也未必保證可以得救）。論者所謂「因基督教注重神的問題……往往不關心社會問題，甚至有些基督徒認爲宗教和社會不相干。在基督教的歷史，宗教戰爭、宗教迫害、教派之爭是常有的現象」[43]，這就道著了此中的癥結。

　　自此大家也當明白，凡是主張博愛世人而最終卻都走向它的反面的，就是有這一懺罪的情結在背後起作用。正因只爲了自己冀神救贖而不信賴同類（人隨時有犯罪墮落的可能），致使所有對他人的壓迫、改造和殺戮等行徑所顯示的塵世性罪孽，也就無關宏旨了。而這也就是數個世紀以來，西方人多方排斥異教徒，並隨同或鼓勵殖民主義去侵略他國，以及興作資本主義四處掠奪財富（以便自我

---

[39]　詳見施密特（Alvin J. Schmidt），《基督教對文明的影響》（汪曉丹等譯），臺北：雅歌出版社，2006 年。

[40]　詳見韋伯（Max Weber），《新教倫理與資本主義精神》（于曉等譯），臺北：谷風出版社，1988 年。

[41]　香港聖經公會，《聖經》，頁 168。

[42]　香港聖經公會，《聖經》，頁 53～54。

[43]　林天民，《基督教與現代世界》，臺北：臺灣商務印書館，1944 年，頁 49。

可藉以榮耀上帝且優先獲得赦罪而重返天國）、耗用資源，而種下能趨疲（entropy，熵）深重危機的原因所在。

五、重拾仁愛德行以過節制量能生活的必要性

顯然博愛教條作為反向行徑的藉口是達到目的了，但人世間卻得從此失去和諧、快樂和無從計慮明天！這就是西方人信仰造物主創造萬物而摶成創造觀型文化在後期的演出（在同樣相信萬物乃神造的古希臘時代，並未見如此張揚播弄塵世的跡象），如今隨著全球化浪潮仍不減那肆無忌憚橫掃狂踩而讓地球越見千瘡百孔。

面對現實世界這一長期以來所出現的盲目犯行，純粹的諫諍以「促其改善」的作為明顯已嫌不够[44]，恐怕要有足以取代它的仁愛觀念推出且寄望瀰（meme，文化基因）效應的發生，才能够延緩能趨疲危機的到來（避免不可再生能量達到飽和而使地球陷於一片死寂的臨界點快速降臨）。由於仁愛德行盡在塵世實踐，所考量的全是為了縮結人情／諧和自然，對於創造觀型文化所隨博愛觀念曲為衍發的挑戰自然／媲美上帝舉措（這是西方人在衝撞世情且逞能超常時的自大逾量表現），特別有予以對治反轉的作用，想要救贖渡世的人都不好錯過這個先機。

也許有人會說，西方也有「己所欲施於人」或「己所不欲勿施於人」的金律[45]，跟中國傳統所強調的仁愛這類「絜矩之道」[46]並無

---

[44] 有關一些根源性的對諍，詳見周慶華，《新時代的宗教》，臺北：揚智文化公司，1999年，頁177～198；《後宗教學》，臺北：五南圖書出版公司，2001年，頁51～63。

[45] 如《聖經》所說的「無論何事，你們願意人怎樣待你們，你們也要怎樣待人」（香港聖經公會，《聖經》，頁7～8）。

[46] 除了《論語》所著錄諸般推己及人的作法，還有《禮記·大學》所明列的「所

不同。其實，二者相距甚遠！理由就在中國傳統的「絜矩之道」，乃
人自身體道發想而爲純世間性，實際可以踐履也能踐履；而西方的
金律，則爲上帝的誠命，並且有違常或不符人心的配備要求（見前），
西方人卻不願意遵守也無力遵守，以至盡流於空談虛設！

　　比較可嘆的是，西方人早已把不是自己所擅長的金律，結合上
博愛的虛妄性，而矯爲發展出亟欲收編支配他者的「普同幻想」。原
因就在西方人信守的原罪觀一旦發用後，勢必以一種「暴力愛」收
場（既不信賴別人，又要試著去感化別人，以彰顯自己特能包容別
人的罪惡；殊不知別人未必有罪惡感，也未必需要他們強來感化）。
這種暴力愛的背後，隱隱然的存在著西方人自比上帝的幻想：

> 罪就是對上帝的反叛……這是由於人總是自詡是自己有限中
> 的絕對。他力圖將他有限的存在變爲一種更爲永久、更爲絕
> 對的存在形式……這就是人身上一切帝國主義性的根源；它
> 也說明了爲何動物界受限制的掠奪欲會變成人類生活無窮
> 的、巨大的野心……簡單的說，他企圖使自己成爲上帝。[47]

這一自比上帝的妄想，終於演變成帝國主義而進行對他者的支配、
懲治、甚至無度的壓迫和榨取：「西方資產階級把基督教世界之外的
異教地區視為『化外之邦』，所以當他們獲得了生產力的迅速發展所
賦予的巨大力量，可以向海外擴張時，他們所使用的武器並不僅僅

惡於上，毋以使下；所惡於下，毋以事上；所惡於前，毋以先後；所惡於後，毋
以從前；所惡於右，毋以交於左；所惡於左，毋以交於右」這類規條（詳見孔穎
達等，《禮記正義》，十三經注疏本，臺北：藝文印書館，1982 年，頁 987）。
[47] 尼布爾（Reinhold Niebuhr），《基督教倫理學詮釋》（關勝渝等譯），臺北：桂冠
圖書公司，1992 年，頁 58。

是大砲，而且也有《聖經》；不僅有砲艦，而且也有傳教士。」[48]這在早期是靠著強大的軍事力量征服別人，後來則是靠著政治、經濟和科技等優勢侵略別人，始終有著「血淋淋式」不堪聞問的紀錄。也就是說，原罪觀假定了人人都會犯罪，而一個基督徒自比上帝（這是就整體西方基督教世界的情況來說，不涉及個別沒有此意的基督徒），橫加壓力在非基督徒身上以索得悔過的承諾，卻忘了他自己的罪惡已經延伸到對別人的干涉和強迫服從中。由此也可見，西方從工業革命以來所快速締造想要同化他方世界的現代化圖景，就不是論者所揪舉「自願或不自願」一類的生存抉擇那麼簡單[49]，而是裏頭還夾纏著非理性宰制和盲目附和等嚴重的問題。而這在繼續推進到後現代／後資訊社會的過程中，由電腦所串起的全球性網路，更沒有那一個非西方社會所能够抵擋西方科技的攻勢。這幕前幕後穩操勝券的人，仍然是西方那些擁有創發權和跨國壟斷而自居上帝第二的科技新貴。而從整體來看，西方人主宰全世界的布局和滲透力，幾乎已經到了極端縝密和無孔不入的地步[50]。在這種情況下，被主導者或喧嚷要跟上去的人，就只好當順民、甚至幫兇而不自知。而實際上也是這樣，到今天都還看不到有那個國家極力在反彈拒絕科技的「殖民」宰制。如此一來，舉世一體化而缺少緩和科技暴發的安全閥，無異要加速能趨疲到達臨界點的世界末日的來臨。

　　這就是一向以博愛口號震懾他方世界的西方人所演出的戲碼。原先存在的從氣化觀出發而講究仁愛結社的中國傳統文化，本來可

---

[48]　呂大吉主編，《宗教學通論》，臺北：博遠出版公司，1993 年，頁 681。

[49]　詳見金耀基，《從傳統到現代》，臺北：時報文化出版公司，1997 年，頁 140。

[50]　詳見哈維（David Harvey），《新帝國主義》（王志弘等譯），臺北：臺學出版公司，2008 年；普倫德（John Plender），《資本主義：金錢、道德與市場》（陳儀譯），臺北：聯經出版公司，2017 年；佛里曼（Thomas L. Friedman），《謝謝你遲到了：一個樂觀主義者在加速時代的繁榮指引》（廖月娟等譯），臺北：遠見天下文化出版公司，2017 年。

以有效來化解現世的危機，但如今卻反被壓抑加上自我退卻到幾近不見效率，毋乃是人類的一大損失！因此，整個濟危扶傾的工作就最先要落在對被壓抑加上自我退卻的文化的召喚，以謀世界的永續經營和人間社會的長治久安。換句話說，除非大家不在意沒有明天，不然重拾仁愛教益以過節制量能的生活，也就有難可推卸或迴轉的必要性。

六、中國傳統氣化觀型文化從新益世乃賴此一優著點

　　給仁愛裝配這個時代的新使命，在理論上還得通過其他系統競比較勝的考驗。原來還有系統內的雜音，如道家的固守安頓己身和墨家的強推兼愛他人等，但都已被驗證不如仁愛有益於秩序化生活的營造。也就是說，前者（指道家的主張）也許可以實踐在小國寡民且人人能夠高度自律的社會中，但只要人間組建複雜化了，想要過絕聖棄智或揖斗折衡的素樸生活，就猶如天方夜譚，永遠不可能如願。而後者（指墨家的主張）所心欲的「視人父如己父，視人子如己子」[51]，勢必造成人倫大亂，以至於難以持守，也不免是空中樓閣，可望不可及。它們的偏頗或奢想過度，孟子早就批判過了：

　　　楊氏為我，是無君也；墨氏兼愛，是無父也。無父無君，是

---

[51] 這是由「視人之國，若視其國；視人之家，若視其家；視人之身，若視其身」和「是以老而無妻者，有所侍養，以終其壽；幼弱孤童之無父母者，有所放依，以長其身」（孫詒讓，《墨子閒詁》，新編諸子集成本，臺北：世界書局，1983 年，頁 65、72）所結論的。此外，它似乎跟西方的博愛相似，卻又不能混同。因為西方的博愛是人我不分，而墨家的兼愛是親疏不分，彼此質性有差。

禽獸也。[52]

這罵得是激動了一點，但真的等到無父無君的亂象出現後，想必道墨二家也只能徒呼奈何，再也擠不出什麼良策來因應。於是儒家一開始掌握這倫理的大關要而給予高格的提振，就成了中土社會不作他想的佼佼領航者。

　　出了這裏，大概就剩迄今一樣在半隱身狀態的緣起觀型文化，最有可能奮起而在對治全球化浪潮的功能上跟氣化觀型文化一較高下。不過，這有可能是搭配雙贏而不至於會相互壓倒或輸者退場。原因是這由印度佛教開啟的文化形態，只有那聖諦解脫的前階慈悲一格可以用來比配，而慈悲的倒駕慈航性如「如來之性，實無生滅；為化眾生，故示生滅」[53]、「觀世音菩薩，不可思議威神之力。已於過去無量劫中，已作佛竟，號正法明如來。大悲願力，為欲發起一切菩薩，安樂成熟諸眾生故，現作菩薩」[54]等，嚴格的說頗有近於博愛而終究會淪為救助繁亂或不勝救助的下場，的確不如仁愛來得可以應時且切合人心所需[55]。但緣於它本有摒除物欲少耗能的前提，所以聯合來一起致力於匡世的偉業，仍然是所至盼。但不論如何，就為造成較合理的秩序化生活來說，仁愛德行的提倡還是得趕在前頭。這麼一來，中國傳統氣化觀型文化在從新益世上，就憑著這個優著點而可望發揮莫大的功能。

[52] 孫奭，《孟子注疏》，頁 117。

[53] 曇無讖譯，《大般涅槃經》，《大正藏》卷 12，臺北：新文豐出版公司，1974 年，頁 416 上。

[54] 伽梵達摩譯，《大悲心陀羅尼經》，《大正藏》卷 20，臺北：新文豐出版公司，1974 年，頁 110 上。

[55] 參見周慶華，《反全球化的新語境》，臺北：秀威資訊科技公司，2010 年，頁 145～159。

第五章　君子人智 VS.哲人神智：中國傳統氣化觀型文化的殊異變項

一、啟蒙何其難哉

前後弟子數量高達三千的孔子[1]，獨許顏回一人深切了悟他的學說[2]，想來內心孤寂只有上天能够知曉，以至在對方不幸早夭時要大爲慟哭：

> 顏淵死，子曰：「噫，天喪予！天喪予！」[3]

> 顏淵死，子哭之慟。從者曰：「子慟矣！」曰：「有慟乎？非夫人之爲慟而誰爲？」[4]

這一哭所引出的另一段話，就特別耐人尋味了：「子曰：『予欲無言！』子貢曰：『子如不言，則小子何述焉？』子曰：『天何言哉？四時行焉，百物生焉，天何言哉？』」[5]也就是說，孔子覺得生平授

---

[1] 詳見司馬遷，《史記》，臺北：鼎文書局，1979 年，頁 1938。

[2] 這從孔子多方讚美顏回可見一斑：「子曰：『吾與回言終日，不違如愚。退而省其私，亦足以發，回也不愚！』」「哀公問：『弟子孰爲好學？』孔子對曰：『有顏回者好學，不遷怒，不貳過，不幸短命死矣！今也則亡，未聞好學者也。』」「子曰：『賢哉回也！一簞食，一瓢飲，在陋巷，人不堪其憂，回也不改其樂。賢哉回也！』」「子謂顏淵曰：『用之則行，舍之則藏，唯我與爾有是夫！』」「子曰：『語之而不惰者，其回也與！』」（邢昺，《論語注疏》，十三經注疏本，臺北：藝文印書館，1982 年，頁 17、51、53、61、80）

[3] 邢昺，《論語注疏》，頁 97。

[4] 邢昺，《論語注疏》，頁 97。

[5] 邢昺，《論語注疏》，頁 157。

徒竟然少有解會者，真叫人情何以堪，不如就從此收起誨教的心，不再說話了。無奈子貢不了解老師的喻意，硬要逼他說出「天何言哉」那一有違心意的話[6]。可見子貢就真的合該在那無力解會者的行列，跟孔子的傳心期待還有一段距離。

其實，子貢也算是有悟力的人（能舉一反三）[7]，但在這時刻卻問的太過直率而少了「心領神會」老師的感慨！至於其他更少悟力的人，恐怕連察覺老師「臉色異樣」都不能了。這麼一來，有個「啟蒙何以如此艱難」的問題就發生了。

從《論語》一書的記載來看，弟子或時人問孝／問君子／問政／問禮／問仁／問知／問事鬼神／問死／問善人／問聞行／問大臣／問明／問崇德辨惑／問友／問一言興喪邦／問士／問好惡／問恥／問成人／問事君／問陳／問行／問為邦等，全然涉及人間事（包括理應知道的如何跟鬼神打交道和死亡後會怎樣好早作準備等在內），但為何他們就這麼「短於思慮」而要一再的請教於孔子？原來這都跟人間事「變化多端」或「盤根錯節」有關，稍有差池應對可能就會貽誤深遠而令人後悔不迭！好比底下這三段記載：

孔子謂季氏：「八佾舞於庭，是可忍也，孰不可忍也！」[8]

三家者以雍徹。子曰：「『相維辟公，天子穆穆』，奚取於三家

---

[6] 孔子所以會這般藉天發抒己意，大概是不忍心當面給子貢難堪，說就是緣於你們難以啟導才讓我興起棄教的念頭。因此，所謂「天何言哉」一系列說詞，毋乃隱喻著孔子深感「所託無著」而引致的灰心喪氣！

[7] 孔子曾經問過他跟顏回比誰較強些，他回答說「賜也何敢望回！回也聞一以知十，賜也聞一以知二」（邢昺，《論語注疏》，頁42）。由這個自剖，可知他是能舉一反三的（只是大不如顏回能舉一反十）。

[8] 邢昺，《論語注疏》，頁25。

之堂？」[9]

季氏旅於泰山。子謂冉有曰：「女弗能救與？」對曰：「不能。」
子曰：「嗚呼！曾謂泰山不如林放乎？」[10]

這種有意無意的僭越禮制，在季氏他們可能是爲了逞一時快意，卻
沒想到那正是敗壞國政和禍起蕭牆的肇端，迫得孔子再而三告誡世
人要以仁爲禮底或重視儉戚作爲禮本始可全德[11]。顯然人間事儘多
學問，並非短於思慮的人所能契入而應付裕如。僅此一端，就可以
概括其餘。致使人間事看來一點也不容易，孔子的諄諄誨教實在是
「自有其一片苦心」，大家不宜等閒看待。

二、知／不知的人智考驗

就可考得的層面來看，孔子所誨教的種種道理，可以說盡是「人
智」的體現。雖然那背後或許會通縮於天命的規約或賜予[12]，但在
無可察知明確信息的情況下，是人就得如此面對而有相應的智慧表
現，直往而無悔的自我承擔起來，並且得在有餘力時不妨連帶提攜
他人，一道共締勝境。

---

[9] 邢昺，《論語注疏》，頁 25。
[10] 邢昺，《論語注疏》，頁 26。
[11] 如「子曰：『人而不仁，如禮何？人而不仁，如樂何？』」「林放問禮之本。子
曰：『大哉問！禮，與其奢也，寧儉。喪，與其易也，寧戚。』」（邢昺，《論語注
疏》，頁 26）等，說的正是。
[12] 孔子向來不諱言有天命的存在，如「天生德於予，桓魋其如予何」、「不怨天，
不尤人，下學而上達，知我者，其天乎」和「不知命，無以為君子也」（邢昺，《論
語注疏》，頁 63、129、180）等可以為證。但那也僅止於「依稀彷彿」的察覺或
默會，而無法確實「得知所以」。

此一人智的體現，會涉及一個知或不知的過場考驗。所謂「子曰：『由，誨女知之乎！知之為知之，不知為不知，是知也』」、「子張學干祿。子曰：『多聞闕疑，慎言其餘，則寡尤；多見闕殆，慎行其餘，則寡悔。言寡尤，行寡悔，祿在其中矣！』」和「子曰：『蓋有不知而作之者，我無是也。多聞，擇其善者而從之，多見而識之，知之次也。』」[13]等，說的就是當中的關節。這表面上在暗示人別「強不知以為知」，實際上則是要提醒人得竭盡所能去「知其所未知」。好比孔子所著力的那樣：「子入太廟，每事問。或曰：『孰謂鄹人之子知禮乎？入太廟，每事問。』子聞之曰：『是禮也！』」「子曰：『三人行，必有我師焉。擇其善者而從之；其不善者而改之。』」[14]因此，人智就是對於人間事無所止限了知和實踐的歷程。它背後自主性的推動力，就在一個學字：

子曰：「十室之邑，必有忠信如丘者焉，不如丘之好學也。」[15]

子曰：「我非生而知之者，好古敏以求之者也。」[16]

子曰：「吾嘗終日不食，終夜不寢，以思無益，不如學也。」[17]

一般人沒有這種勤學以為廣知的欲力和耐心，自然會覺得相關道理難以著心（而造成啟蒙一事不易見效），使得理應有知的過場終被無

---

[13] 邢昺，《論語注疏》，頁 18、63～64。
[14] 邢昺，《論語注疏》，頁 28、63。
[15] 邢昺，《論語注疏》，頁 46。
[16] 邢昺，《論語注疏》，頁 63。
[17] 邢昺，《論語注疏》，頁 140。

知所佔滿，以至「困而不學，民斯為下矣」和「飽食終日，無所用心，難矣哉！不有博弈者乎？為之猶賢乎已」[18]等就成了他們的標記，而轉成社會淳善化或洵美化的一大負擔！

這在有德的君子這邊，情況就不可能如此搬演。他的文質彬彬諸般高華的性徵，已經讓自我摶成一個足夠崇尚的人格型範；而他所內蘊上契為仁者或聖人的德業蘄嚮，又從中加重了己身作為彝倫表率者的責任感[19]，使得力學以深體人智務必求知有成的歷練一再的出示，而成了整個禮樂制度建立和文化傳承的終極保證。所謂「為之不厭，誨人不倦」、「君子多乎哉？不多也」和「見其進也，未見其止也」[20]等，這就是在註記他的志氣；而一如子產的踐行恭敬惠義、堯舜的勉力博施濟眾、管仲的九合諸侯而尊王攘夷和孔子的紹繼文武道統[21]等，則是在表彰他的勳績。人間社會因為可見君子的存在，終於留予大家有了美好的期待；而君子盡從人智發用，也促成了一個特殊文化形態的益世風采在歷史上如泉水潺湲流注，而久享盛名。

三、君子人智在理的必要侷限

人智通過知／不知的考驗，它所邁向的頂點是整幅人際關係網絡的有效道德化或真實美學化，而這項使命就是寄望在君子修為的完成。正如孔子所肯認的「富與貴是人之所欲也，不以其道得之，

---

[18] 邢昺，《論語注疏》，頁 149、158。
[19] 參見周慶華，〈郁郁乎文君子 VS.鄙野小人——中國傳統氣化觀型文化的一個爭勝點〉，刊於《孔孟月刊》第 55 卷第 9、10 期，2017 年，頁 1~10。
[20] 詳見邢昺，《論語注疏》，頁 65、78、80。
[21] 詳見邢昺，《論語注疏》，頁 44、55、126、173。

不處也。貧與賤是人之所惡也，不以其道得之，不去也。君子去仁，惡乎成名？君子無終食之間違仁，造次必於是，顛沛必於是」[22]，在小人方面，貧賤富貴的去處，一定是充滿著逆詐橫奪，畫面既緊張又不美好；只有君子能上契以推己及人的仁心審度居實，從而純化志意和美化情感，為人間社會打造出一幅和樂圖。

依理人智是一個高明處理現實中有關認知／規範／審美經驗的集合體。當中認知經驗屬於知識的體現而有是非對錯可說；規範經驗屬於道德的範疇而有善惡好壞可辨；審美經驗屬於感情的迎受而有美醜優劣可察，它們既分立又有交集（才能成為一個有機的集合體）[23]。姑且以底下一段記載來貞定發微：

> 子路從而後，遇丈人，以杖荷蓧。子路問曰：「子見夫子乎？」丈人曰：「四體不勤，五穀不分。孰為夫子？」植其杖而芸。子路拱而立。止子路宿，殺雞為黍而食之，見其二子焉。明日，子路行以告。子曰：「隱者也。」使子路反見之。至，則行矣。子路曰：「不仕無義。長幼之節，不可廢也；君臣之義，如之何其廢之？欲潔其身而亂大倫。君子之仕也，行其義也。道之不行，已知之矣！」[24]

「君臣之義」是在道德的範域內，它對比於潔身不仕有著相當程度的強迫性（必須勉為權赴）；而此強迫性的知識基礎，則在世間有不可廢棄的「長幼之節」存在（推衍為君臣關係）。因此，「君子之仕

---

[22] 邢昺，《論語注疏》，頁 36。

[23] 參見周慶華，《身體權力學》，臺北：弘智文化公司，2005 年；《走訪哲學後花園》，臺北：三民書局，2007 年；《語文教學方法》，臺北：里仁書局，2007 年。

[24] 邢昺，《論語注疏》，頁 166。

也，行其義也」一旦實現，社會秩序就會和諧化（反過來，大家逃避不仕而任由倫常失據，世間定然大亂），而終於給人再美好也不過的欣趣悅樂感覺。這樣認知經驗、規範經驗和審美經驗就或隱或顯的相涉在一處，彼此僅於字詞賦義或事件框列上有所區別。

在這裏比較需要確立的是「長幼之節，不可廢也」此一認知的更深前提。這乃君子人智發用的決戰場（成了君子德業圓滿；敗了君子德業有虧），有必要予以析辨深透一番。基本上，它是中國傳統文化形態在積極面上所得如此展演的。也就是說，中國傳統以精氣化生萬物的氣化觀爲世界觀（那自然氣化的過程就是道或理），由於氣化儘多量產的關係，人乃團夥集聚爲普遍現象，而想過有秩序的社會生活，就得強分出親親系統和尊尊系統，然後交相爲用。當中在親親系統的建立方面，乃以血緣爲依歸，特別重視孝弟的維繫功能；而在尊尊系統的建立方面，則以份位或行事爲中介（從各家族中挑出菁英組成更大家族的政治團體），不斷強調仁義的促進或昇華作用[25]。在這種情況下，「不仕無義」就合該被譴責；而不廢「君臣之義」者，自然也有理由詆斥那些「欲潔其身」者在「亂大倫」了。

當然，一心想唾棄「君臣之義」的人，在他的權衡中也可以找出絕去的依據。就像《論語》內所另外記載的那些隱士行跡：

> 楚狂接輿，歌而過孔子，曰：「鳳兮！鳳兮！何德之衰？往者不可諫，來者猶可追。已而！已而！今之從政者殆而！」孔子下，欲與之言。趨而辟之，不得與之言。[26]

---

[25] 參見周慶華，《中國符號學》，臺北：揚智文化公司，2000 年，頁 61～80。
[26] 邢昺，《論語注疏》，頁 165。

長沮桀溺耦而耕。孔子過之，使子路問津焉……曰：「滔滔者，天下皆是也，而誰以易之？且而與其從辟人之士也，豈若從辟世之士哉？」耰而不輟。子路行以告。夫子憮然曰：「鳥獸不可與同羣，吾非斯人之徒與而誰與？天下有道，丘不與易也。」[27]

所謂「今之從政者殆而」、「滔滔者，天下皆是也，而誰以易之」等等，說的就是政治已經被不肖之徒敗壞了，危邦亂世比比皆是，誰有能耐前去匡扶挽救？倒不如退守山林希冀能過幾分安逸的日子，總比強行入世且又徒勞無功要來得愜意！

問題是大多數人還在紅塵中掙扎（不論是為投機還是無力抽身），作為一個君子不出援手，又如何實際成德？因此，「鳥獸不可與同羣」而依然行道不輟，也就成了此時此刻唯一的選擇。這自是會形成出世入世雙鋒的爭辯，但所期待於君子德操還是此文化形態光彩熠耀並能綿延不絕的希望所繫。

由上述理路的條陳，不難看出君子人智發用必要侷限於世間一切事物乃是最在理的。此外，他如果還想通達或探測超世間的事物，只要他別有能耐，也不是沒有機會[28]。只不過那大概僅能在程度上

---

[27] 邢昺，《論語注疏》，頁 165。

[28] 像孔子能說怪力亂神而不語，明白怎樣事奉鬼神和死後狀況卻又禁止子路多問；還有鄉人儺祭沒他的事也要主動著官服站在東階上襄助，甚至曾夢感於周公（上述詳見邢昺，《論語注疏》，頁 63、97、90、60）以及據《史記·仲尼弟子列傳》所載曾醒感於他神而預言出門會遇雨和商瞿將有五男兒等（詳見司馬遷，《史記》，頁 2216），在在顯示孔子是有能力通達於超越界的。另參見周慶華，〈《紅樓夢》的靈異現象〉，收於王萬象主編，《紅樓夢新視野》，臺北：里仁書局，2015 年，頁 306～308。

得到些許資源挹注而無法左右全局，畢竟那居於超越界的存在者（天命就由祂們所發動）也是精氣體，跟人肉體內的精氣（靈體）同一位階[29]，祂們的智慮容或有高出世人的地方，但那也僅止於量上的差異，終究不可能從此在質上截然劃分。

四、西方的哲人神智進來搶風采

雖然君子人智無從跨向超越界去逞能或無端藉神靈威懾同類，但對於世間事物的發用卻不能有所止限（詳見第二節），這樣才相應於世間事物的紛繁多變。此一真切認知或深刻體驗，也就是孔子在模塑君子人格型範時，要不斷擴面去加碼或增添他進趨力度的理當原因所在[30]。

到這裏終於可以確定，有秩序的社會生活是靠君子人智發用踐履的結果（小人嗜欲好利和卑賤狠瑣斷不可能仰賴他們來成就絲毫），而它就顯現在「君君，臣臣，父父，子子」的人倫節概上：

> 齊景公問政於孔子。孔子對曰：「君君，臣臣，父父，子子。」
> 公曰：「善哉！信如君不君，臣不臣，父不父，子不子，雖有
> 粟，吾得而食諸？」[31]

---

[29] 參見周慶華，《死亡學》，臺北：五南圖書出版公司，2002 年，頁 168～185；《靈異學》，臺北：洪業文化公司，2006 年，頁 161～200。

[30] 包括消極的要君子莊重、不爭、無適無莫、坦蕩蕩、不憂不懼、泰而不驕、求諸己、貞而不諒和三戒三畏等；積極的要君子好學、懷德懷刑、喻於利、成人之美、上達、安人安百姓和九思等，都是基於一個世間事物紛繁多變得隨機因應的前提。

[31] 邢昺，《論語注疏》，頁 108。

倘若是文中後者「君不君，臣不臣，父不父，子不子」的情況，那就表示社會失序了。二者差別的具體化，則可以由「葉公語孔子曰：『吾黨有直躬者，其父攘羊而子證之。』孔子曰：『吾黨之直者異於是。父為子隱，子為父隱，直在其中矣。』」[32]和「孟子告齊宣王曰：『君之視臣如手足，則臣視君如腹心；君之視臣如犬馬，則臣視君如國人；君之視臣如土芥，則臣視君如寇讎。』」[33]這兩段話來見一斑。

歷來凡是屬治世的，無不緣於相關倫常的高格及其普遍得到奉守；而即使遇著亂世，也因為仍有君子守節在作中流砥柱（如孔孟和各時代儒者奮勵勉為的表現那樣），脫序的社會不難恢復，而從新還給大家一個穩定的美善化的生活局面。也因此，中國傳統所見的氣化觀型文化，就是在應需介入君子人智發用而優為定型的，它整體上極度顯現出縮結人情／諧和自然的倫理特性[34]，並且早已在人類歷史舞臺上獨立生姿（自成一大文化系統而以雅緻帶韌性的魅力行世）。但很遺憾的，這在近世遭逢西方哲人神智強力進來搶風采而破局了。

表面上那是搶風采，實際上則是在劫掠改造，因為整個西方文化透過留學生、買辦、宗教夾帶、跨國企業、政治壓迫和科技威脅誘惑等多元管道大舉入侵，而將一個不務躁動生事的高華生活模式徹底翻轉！依序先是軍事行動藉故闖關逼仄，而後則是一神教義、民主信念和科學成就等連番強行輸入，紛紛佔據此地人心，以及扭

---

[32] 邢昺，《論語注疏》，頁 118。

[33] 孫奭，《孟子注疏》，十三經注疏本，臺北：藝文印書館，1982 年，頁 142。

[34] 諧和自然部分，是由儒家入世者亟欲縮結人情而一併顧及的，不一定要等到道家出世者的崇尚才成型。參見周慶華，《轉傳統為開新──另眼看待漢文化》，臺北：秀威資訊科技公司，2008 年，頁 55～57。

曲中土政治制度、經濟運作和社會營造的面向，從此舊有秩序崩解，君子人智無處發用，民心難有歸趨！

　　此中民主信念尤為瞢動，而它所體現自由平等精神一路對國人來說的不適應症，民初怪傑辜鴻銘的觀察已足以讓人會意一二：「當今人們愛奢談什麼追求自由，可是我敢說，要獲得自由、真正的自由只有一條路，那就是循規蹈矩、即學會適當地約束自己。看看革命前的中國吧──那裏沒有教士，沒有警察，沒有市政稅和所得稅……那時的中國人享有較世界其他各民族更多的自由。為什麼？因為革命前的中國人循規蹈矩，懂得如何約束自己，如何按照一個良民的標準去辦事。然而革命以後，中國人的自由不多了，這是由於當今中國有了那些剪了辮子的時髦之徒，那些歸國留學生的緣故。這些人從歐美人那裡，從上海的歐美羣氓那裏，學會了怎樣放蕩不羈，怎樣不按一個良民的標準來約束自己的行為，從而變成了一羣烏合之眾。」[35]原因就在氣化觀型文化中人本有的是泛神信仰（該眾神僅各為精氣體，祂們可以「化生」成人，但無造物功能），而黎民受到重視一如孟子所說的「民為貴，社稷次之，君為輕」[36]乃緣於他們是社會最基本的結構者（不保證都有能力晉身為治理者），但這在嫁接來自西方一神信仰所崇尚上帝平等造物及其賦予自由意志的觀念後，立刻變成民粹當道而演出一齣齣脫軌毀序的戲碼，完全沒了傳統那種雍容自制且相忍互讓的溫文美感！此外，同樣強顯的科學成就一逕在耗用地球有限資源，這對講究萬物一體的中土人士來說更是不可想像。然而，這一切相左互戾的事體，卻在西方人鼓動催眠中快速發生了，以至百多年來國人再也無法安於追求縮結

---

[35]　辜鴻銘，《中國人的精神》，臺北：稻田出版公司，1999 年，頁 16～17。
[36]　孫奭，《孟子注疏》，頁 251。

人情／諧和自然的穩定生活，一轉身焦躁奔競和棄置德行等諸般劣跡踵繼，沒有了時！

考察西方人所以會那麼熱中民主科學，已知那無非是立基於他們所信守創造觀這種世界觀且由哲人神智發用的文化特性上。這一特性的成形，則是西方人普遍相信或預設宇宙萬物乃神／上帝所創造[37]，而緣此內蘊的平等受造意識勢必再有分享政治權益的民主籲求；此外無止盡發展科學，則根本是為仿效造物者的風采（古希臘時代的主神造物後來被基督教的單一上帝造物所收編），在塵世締造可藉以榮耀祂的高度成就。兩相夾擊，就奠定了以挑戰自然／媲美上帝為特徵的創造觀型文化一系[38]。至於哲人神智，無異是「一體成形」的產物。它起因於古希臘人把所有的智慧統歸造物者所有（讚許祂為智者），而世間最聰明的哲人只是研究該智慧有成的愛智者[39]。但這樣區別不可能讓人滿意，爾後那些自覺學識高超的哲人終究會逕自走上代造物者立法的路途，於是一種迥異他系文化的哲人神智模態就逐漸形現在世人的眼前。例如一經柏拉圖「理型」說[40]的創發後，就有笛卡兒（Rene Descartes）的自由意志說、康德（Immanuel Kant）的純粹理性說和黑格爾（Georg Wilhelm Friedrich Hegel）的絕對精神說等競相出來標新立異[41]，都是從該項觀念延伸

---

[37] 詳見柏拉圖（Plato），《柏拉圖理想國》（侯健譯），臺北：聯經出版公司，1989年，頁 94～95；亞里斯多德（Aristotle），《形而上學》（李真譯），臺北：正中書局，1999 年，頁 9；香港聖經公會，《聖經》，新標點和合本，香港：香港聖經公會，1996 年，頁 1。

[38] 參見周慶華，《生態災難與靈療》，臺北：五南圖書出版公司，2011 年，頁 26～40。

[39] 詳見柏拉圖，《柏拉圖文藝對話集》（朱光潛譯），臺北：蒲公英出版社，1986年，頁 141～231。

[40] 詳見柏拉圖，《柏拉圖理想國》，頁 457～500。

[41] 詳見笛卡耳，《方法導論・沈思錄》（錢志純等譯），臺北：志文出版社，1989

而來。它們既開啓了一種特殊形態的存有學，又主導了西方文化向境外擴張的進程。後者是說這類代造物者立法的行徑，最終不免會自我膨脹而強去推廣成爲普世所得接受的真理。而不論能否風行，他們都可以宣稱自己已經找到造物者的智慧所在，因此哲人神智就這般理從義順的自我冠冕了。

隨後科學跟著興起，舉凡天體學、力學、電磁學、相對論、量子論、資訊學和遺傳學等紛然迭陳[42]，也莫不一起卯上同樣代造物者立法的行程。縱使有部分科學家不相信該一人格神造物的能耐而別爲推測宇宙受制於某些神秘力量[43]，但他們的信念並未出格，仍舊體現著神智式的思維。而這種種則影響更爲深遠：所有技術的發明，以及衍生爲軍事優勢和經濟實力等，最後都藉由支配手段向世界各地傾銷，而在精神上或制度上實現了神智（比照神的能耐）的統治夢想。世界從此一體化，相關的殖民禍害和戧天役物後遺症也一體化，人類因此而不得寧日！

五、神智衍爲塵世急迫感後創傷全球的歷史

神智的積極發用，因爲無敵可擋而在短短幾個世紀內就變成普

年；康德，《純粹理性批判》（鄧曉芒譯），北京：人民出版社，2004 年；黑格爾，《精神現象學》（先剛譯），北京：人民出版社，2013 年。

[42] 詳見史匹柏（Nathan Spielberg）等，《宇宙觀革命》（張啓陽譯），臺北：年輪文化公司，2004 年；謝平（Steven Shapin），《科學革命：一段不存在的歷史》（許宏彬等譯），臺北：左岸文化公司，2010 年；迪威特（Richard DeWitt），《世界觀：現代年輕人必懂的科學哲學和科學史》（唐澄暐譯），新北：夏日出版社，2015 年。

[43] 詳見霍爾特（Jim Holt），《世界爲何存在？》（陳信宏譯），臺北：大塊文化出版公司，2016 年；海頓（Gary Hayden），《離經叛道的哲學大冒險》（邱振訓譯），新北：立緒文化公司，2016 年；德沃金（Ronald Dworkin），《沒有神的宗教》（梁永安譯），新北：立緒文化公司，2016 年。

世的風尚，受感染的他方社會中人一起迎向而造成全球化的事實。
以至有一本書不禁把「作爲神類的人類」訂作小標題在述說當中還
在醞釀的一幕：

> （有人警告說）我們的文明在技術上、文化上和商業領域裏
> 正在變成「這樣一種文明：它致力於探索不斷改進的技術手
> 段，來達到一些沒有經過審慎考慮的目標」……（如今）這
> 種擔憂變得很現實了：例如一些政府不久前想在太空引爆核
> 彈，產生能量來製造激光束，用以摧毀敵人飛行中的導彈；
> 公司操縱財產法，以「垃圾」債券收購大公司，致使它們因
> 為高額的不能清償的債務而垮臺。[44]

這裏面的領頭羊依然是西方人，非西方人如有類似的行徑，那也是
跟著走的羣羊而已；他們能不能「升格」爲神類已是一大問題，但
至少他們早就被西方的神類挾持著走上一條自毀前程的不歸路。

　　以我們中土社會來說，從近世以來一直都在發願或妄想接軌西
方文化以圖存，而把人家的民主科學名目搬進來，不足處再將資本
主義和社會主義制度橫向移植。結果是民主在社會主義的實踐中被
科技官僚藉去壟斷一切，而在資本主義的實踐中遭到政黨和企業的
勾結體予取予求，人民的福祉始終還在未定之天；至於科學落實後，
新添的災難處處，已經難以細數整個過程窮耗資源和製造汙染及破
壞生態等情況深重！海峽兩岸從此再也無法以道地的中華民族面貌
行世，所有文質彬彬君子／謙謙君子／好義君子／節烈君子／能仁

---

[44] 亞歷山大（Ivan Alexander），《真正的資本主義》（楊新鵬等譯），北京：新華出
版社，2000 年，頁 126。

希聖君子／安貧樂道君子等可以撮要標舉的舊有德風一去不返；人心所向，爭權奪利已成常態，背信喪德也無所愧惡，而舉世滔滔更不加叨念，幾乎都背反君子優質而行，一個原有著高華道德和卓犖才情交相閃爍的光榮國格[45]，徹底的湮沒於世！

　　追根究柢，人類所以會一起淪落到這個地步，關鍵就在那神智的不被察覺它所隱藏的宰制潛質。照理是否真有神智的存在已是一大問題，但哲人代造物者立法本身卻明顯在進行僭越（從未想過自己是有限存在者不能如此擅權），早已被懷疑他想自居「上帝第二」[46]！就因為看這一矯為優選者的出場點火，再加上基督教興起添入原罪觀的助燃，往後殖民征服和文化肆虐就無有止息；而他方社會中人抗拒不了終而順服的，連類敗北也就命定而殘慘的陷進泥淖裏。

　　當中原罪觀的效應尤為駭人。那是基督教在希伯來宗教基礎上強為規定的，造成西方人必須尋求救贖以便重返天國而出現明顯的塵世急迫感。這種急迫感的積重難返，就是到了十六世紀宗教改革後新教徒（並一起刺激帶動舊教徒）相關反應的逾量表現：新教徒脫離天主教會後所強調的「因信稱義」觀念，逐漸演變成要以在塵世累積財富和創造發明（包括科學、哲學、文學、藝術等等的建樹翻新）來榮耀上帝或當作特能仰體上帝造人賜給他無窮潛能的旨意而不免會躁急蹙迫；尤其在資本主義和殖民主義隨著矯為成形後，

---

[45] 這是說我們從未擅長於藉戕天役物成就自己而顯示生來特能仰體某一對象造人的美意，但才份的優為發用卻能營造出一種雍容華貴且無所耗費的和諧美感來；而一旦不察此旨強為棄我從他後，永遠學不會西方人的科學迷情和哲學逞思的命運就註定了。至今國人所夢想摶造的百年西化大業，怎麼看都是一個律動不起來的生活形態。參見周慶華，《走上學術這條不歸路》，新北：生智文化公司，2016 年，頁 13～25。

[46] 詳見尼布爾（Reinhold Niebuhr），《基督教倫理學詮釋》（關勝渝等譯），臺北：桂冠圖書公司，1992 年，頁 58；韓哲（L.James Hammond），《西方思想抒寫》（胡亞非譯），新北：立緒文化公司，2001 年，頁 104。

更見這種過度的煩憂。此外，在他們漸次締造現世巨大成就以及武力支配取得宏利後越發莩生的優選意識，還變本加厲的掀起浩天噬人的殖民災難和帝國夢魘；而爲媲美上帝造物本事所極力於宰制塵世的作爲，也已經衍生出地球的資源日益枯竭，且因科技不斷發達所帶來的生態失衡、環境汙染、臭氧層破洞、溫室效應和核武恐怖等能趨疲（entropy，熵）危機無法解決[47]。

顯然宰制、征服、支配等諸多同質性的行徑，乃哲人神智的普遍化演出；而塵世急迫感的形成，則是哲人神智加權後的心理異變，它所不計後果的橫掃他方世界而造成異系統文化的萎縮退場（特別是從不戡天役物的氣化觀型文化被全面性的壓抑），所餘臣服的遺民就正好一起走上社會秩序崩毀和生存難以爲繼等絕路！以至某些斷言大災變即將發生、西方文明快要崩潰、民主正在退潮、資本主義已經淪爲萬惡根源和被浸染的他方世界開啓了非典型破壞等[48]，就像是一個佔據哲人神智位置的人牽著無明眾生在共譜一闋末世的輓歌，表示他無心而有罪大家得共同承擔。但實況豈是這樣，無心的應該是他人，有罪的魁首是自己！然而，西方人卻始終察覺不到這一點：以爲一逕的擺脫罪惡（從不在相關斷言中提及自己所醞釀的

---

[47] 參見周慶華，《語文符號學》，上海：東方出版中心，2011 年，頁 264～266。

[48] 詳見戴蒙（Jared Diamond），《大崩壞：人類社會的明天？》（廖月娟譯），臺北：時報文化出版公司，2006 年；歐蕾斯柯斯（Naomi Oreskes）等，《西方文明的崩潰：氣候變遷，人類會有怎樣的未來？》（陳正芬譯），臺北：經濟新潮社，2016 年；科藍茲克（Joshua Kurlantzick），《民主在退潮：民主還會讓我們的世界變得更好嗎？》（湯錦台譯），臺北：如果出版社，2015 年；朗西曼（David Runciman），《民主會怎麼結束》（梁永安譯），新北：立緒文化公司，2019 年；布倫南（Jason Brennan），《反民主：選票失能、理性失調，反思最神聖制度的狂亂與神話！》（劉維人譯），新北：聯經出版公司，2018 年；普倫德（John Plender），《資本主義：金錢、道德與市場》（陳儀譯），臺北：聯經出版公司，2017 年；道博斯（Richard Dobbs）等，《非典型破壞：西方不認識、資源大轉移的四個新世界顛覆力量》（盧佳宜譯），臺北：大寫出版社，2016 年。

禍端），就可以矇混過那誤己誤人也害己害人的哲人神智！

六、重振人智乃中國傳統氣化觀型文化的殊異變項

　　基本上，神智和人智各自所面對的情境並不相同，而彼此根據的創造觀和氣化觀也在理上無法共量[49]。當中神智的出現是要去逆推造物者的意識而來解決塵世得如何運作的問題，結果是「造物者不與」而哲人代為立法了（然後體現為法制來規範眾人的行動）。由於這一立法是自我絕對化（一音定錘），所以一開始就想凌駕，致使有那些籠罩性的觀念或理則紛紛出現而迭代炫異的推動了西方文化的進程。殊不知那全是比擬自己所信仰造物者的創思，亟想從中取得絕對的主導權，而忽略或根本漠視不同族羣各有自己的世界觀，不能如此強人所難而迫使對方屈服（不從就想辦法加以懲罰或逕予消除，一如造物者可以在不滿祂所造子民時以災變將他們毀滅那般）。

　　至於人智，則純粹是起於針對化生物所結成的現實而思考如何使它有效率的運作。此中主要以斟酌人我關係而透過道德自持來進行社會化的生活，不尋求額外的制式約定，也無所期待有神介入在終極上解決人世可能的紛爭（不像神智在代造物者立法時會盼望神

---

[49] 如果再加上印度佛教開啟的緣起觀該一世界觀，如今所存的這三大世界觀究竟何以如此迥別，總沒有可靠的證據能夠取來作說明。有些科普書喜歡用「創造力大爆炸」或「思想大爆炸」一類說詞來解釋人類知見的由來，也許可以藉為說明上述三種世界觀的產生因緣而特許它有「靈光一現」後各自發展出殊異信仰的可能性。有關「創造力大爆炸」或「思想大爆炸」的問題，詳見泰特薩（Ian Tattersall），《終極演化：人類的起源與結局》（孟祥森譯），臺北：先覺出版公司，1999 年；伯金斯（David Perkins），《阿基米德的浴缸——突破性思考的藝術與邏輯》（林志懋譯），臺北：究竟出版公司，2001 年。

／上帝進來作最後的仲裁）。因為人智的發用在現實中有漸次取證的限制，無從反過來強顯凌駕姿態（畢竟人際互動已嫌不足，盲目凌駕他人豈不是在自絕生路）；再說它所行道德，向上升轉（如成仁成聖等）越見困難，不經由黽勉學習且精進修養而但圖僥倖，根本不可能應付自如。以至將人智提高它的能見度，也就成了維持社會秩序最切要的事；否則倘若像神智的發用，那就得有更多的配套措施（造成法令多如牛毛）才能安定大家的生活。因此，神智看似皇然實為無當，而人智看似淺近實為至要，二者判別有如參商。

有人觀察到西方文明（文化）結穴為兩個面向：一個是貶低個人的創造精神，並且將自身發揚光大的希望寄託於羣眾集體和民族的創造力（如資本主義工業體系的集中化或列寧式的集權）；一個是跟集體主義相抗衡的作為一種哲學思考的個人主義。前者會授予國家以一種特權的地位；後者則顯現出對特殊人物或超人或上帝選民的崇拜[50]。這不論是賦予國家特權或強化選民崇拜，背景相同，都來自哲人神智的發用（一個是集體藉神或造神威嚇；一個是自我獨神顯能）。而他所未進一步探討的是，那種文明戲碼早已演出走樣且禍害無窮（詳見前節）。反觀君子人智的發用，絕對不會走到這個地步。比如前一個系統中的列寧式的集權，完全毋須君子人智；而資本主義工業體系的集中化，所內蘊追逐功利一理，也使君子人智失去作用。又比如後一個系統中的個人主義，那就更讓講究諧諧倫常的君子人智自動遠離，因而更見君子人智和哲人神智的對比沒有溝通的基礎。

但很無奈的，自從近世雙方開打以來，我方一連串的戰事失利和外交挫折，使得國人對自我文化的信心大為潰決，轉而全力擁抱

---

[50] 詳見戴爾瑪（Claude Delmas），《歐洲文明》（吳錫德譯），臺北：遠流出版公司，1994 年，頁 127～138。

對方，始終都在尾隨影附渡日，如今仍荒誕大意的在跟西方主導的全球化浪潮一體窮為耗能貽患而騎虎難下！顯然事情不能如此任由演變，人類如果還想有明天，那麼從新催生一個看重早就存在卻被遺忘的君子人智而淡化或棄捨哲人神智的世紀，也就勢在必行。這在我們自己，必須深刻醒悟，君子人智乃中國傳統氣化觀型文化的殊異變項（可以最高效率維繫人間的秩序／促進整體生活的美化），振興它是確保尊嚴存活的唯一途徑；而在他人，則希冀前來汲取，一個已經千瘡百孔且危機四伏的地球才庶幾可望得著拯溺平復！

強化篇

第六章　君子德行從新高揚的質能轉換式配備：中國傳統氣化觀型文化的重建方向

一、君子型範提領氣化觀型文化的何處實踐課題

　　孔子所模塑的君子形象，乃以內「義」外「禮」且輔以「孫」（謙）終於「信」等彬彬文質爲準的；而有餘力，則再上契成「仁」成「聖」。如此人格型範，不處已爲中國傳統氣化觀型文化開啓最高華在理的道德蘄嚮[1]。無奈志道的少，半途而廢的也有，總是遺憾長留在歷史裏。

　　原則上，大家最多只能學爲這般的君子，踐履以程度計算，而無法自信已經完全滿足該德行要求[2]。即使是這樣，也無妨於此一君

---

[1] 參見周慶華，〈郁郁乎文君子 VS.鄙野小人──中國傳統氣化觀型文化的一個爭勝點〉，刊於《孔孟月刊》第 55 卷第 9、10 期，2017 年，頁 1~10。

[2] 德行要求乃屬價值學範疇，而價值學則蘊涵有「價值是什麼」和「價值存在那裏」兩個關鍵性的問題。前者涉及價值的性質和功能；後者涉及價值的來源和分類，這在歷來相關的論述中，多有學理和實踐難題紛紛進入分疏甄辨的程序（詳見阿德勒〔Mortimer J. Adler〕，《六大觀念》〔劉遐齡譯〕，臺北：國立編譯館，1986 年；方迪啓〔Risieri Frondizi〕，《價值是什麼──價值學導論》〔黃藿譯〕，臺北：聯經出版公司，1988 年；成中英，《科學真理與人類價值》，臺北：三民書局，1979 年；唐君毅，《哲學概論》，臺北：學生書局，1989 年；陳秉璋等，《價值社會學》，臺北：桂冠圖書公司，1990 年）。但不論價值的意義如何演變，都可以確定價值不是事物（如一自然事件或一種理念或一個命題或一曲音樂或一項事業），也不是事物的元素，而是某些我們稱爲價值對象所擁有的獨特屬性。換句話說，價值只是一種性質（一種「寄生式」的存有），而不是具體的事物或理念的事物。這種非實在性，就是價值的最大特徵。此一認知，幾乎已是大家的共識。此外，價值還有兩極性（以正反兩面來呈現自身，如真／僞、美／醜、善／惡和聖／俗等分別）和層級性（有等級順序，從好到壞排列）（參見周慶華，《從通識教育到語文教育》，臺北：秀威資訊科技公司，2008 年，頁 235～246）。在這種情況下，任何一個想要踐履君子德行這類攸關至善價值的人，他就得有能耐辨別自己到底完滿了什麼，而實際上他卻是可能觸處短於所見或難以自我定位（他總會遇到理不清

子型範在切要上提領氣化觀型文化，而使它光耀恆常且足以跟並世的他系文化爭勝。唯一的難題，在於進駐具體情境中要如何充分或有效的展現，則還有待思慮部署。原因就在義／禮／孫／信／仁／聖等實際德行面向遇著人我互動時機或羣策運作時，究竟要怎麼體現而不致有歧出或短絀現象，這從主體心理層面來看形同是「何處實踐」的課題（主體已經有信心在先，所以只剩「何處實踐」一個困難點要傷腦筋），想必得有所說法才能交代得過去。

此地所謂的何處實踐，嚴格的說可以再細分為「為誰實踐」、「實踐什麼」和「怎樣實踐」等幾個層面。當中「實踐什麼」，是要詳究君子各面向德行所能出示的具體情況（而不是要追問源頭，因為源頭所知德行早已俱在，毋須多此一問），它關連「為誰實踐」和「怎樣實踐」兩個層面的標的明確化，有著居中轉接的軸心式作用。而經過這般細分後，大家應該不難發現何處實踐還真是一個不小的課題。不信且看：

> 冉有曰：「夫子為衛君乎？」子貢曰：「諾，吾將問之。」入曰：「伯夷、叔齊，何人也？」曰：「古之賢人也。」曰：「怨乎？」曰：「求仁而得仁，又何怨？」出曰：「夫子不為也。」[3]

> 佛肸召，子欲往。子路曰：「昔者由也聞諸夫子曰『親於其身為不善者，君子不入也』，佛肸以中牟畔，子之往也如之何？」子曰：「然，有是言也。不曰堅乎？磨而不磷。不曰

該德行何時可以達陣或到底臻致了幾分的麻渣問題）。

[3] 邢昺，《論語注疏》，十三經注疏本，臺北：藝文印書館，1982 年，頁 62。

> 白乎？涅而不緇。吾豈匏瓜也哉？焉能繫而不食！」[4]

這都有一個「不仕無義」的倫理前提[5]，看似「爲誰實踐」一題已定（前題是就孔子原先也有致仕意來說，而不涉及他後來因故踩了煞車），不必懷疑它無有君子自我承擔的成分在內。但又不然！理由是中間項「實踐什麼」一義未明：當時衛國並無明君而晉佛肸處也缺賢大夫，致仕到底是要改變上司還是造福百姓，總沒有一個譜可以依循；更何況已經有另一個「無道則隱」的應世原則[6]在對比刺譏著此事的難可解會，以至前項「爲誰實踐」不得不反向空洞化，而後項「怎樣實踐」則可以肯定是無從慮及了。由此可見，當關鍵性的「實踐什麼」內蘊不够確切而主見未顯明時，整個「何處實踐」的疾趨追問就會失去著力點而終究流於無謂！

類似這種想要踐履君子德行卻又覺得多有纏礙的情況，在反觀他人的表現方面也常看得很不明白。好比管仲一人就有底下這兩面性：

> 子曰：「管仲之器小哉！」或曰：「管仲儉乎？」曰：「管氏有三歸，官事不攝，焉得儉？」「然則管仲知禮乎？」曰：「邦君樹塞門，管氏亦樹塞門。邦君為兩君之好有反坫，管氏亦

---

[4] 邢昺，《論語注疏》，頁 155。

[5] 從孔子暗對隱士的批判所自道的「鳥獸不可與同羣！吾非斯人之徒與而誰與？天下有道，丘不與易也」和要子路轉告的「長幼之節，不可廢也；君臣之義，如之何其廢之？欲潔其身，而亂大倫。君子之仕也，行其義也」等說詞（詳見邢昺，《論語注疏》，頁 166）判斷，可以確立這一點。

[6] 所謂「用之則行，舍之則藏」、「危邦不入，亂邦不居。天下有道則見，無道則隱」和「邦有道則仕，邦無道則可卷而懷之」等孔子所明示或心許的話（詳見邢昺，《論語注疏》，頁 61、72、138），就是在著布此義。

有反坫。管氏而知禮，孰不知禮？」[7]

子路曰：「桓公殺公子糾，召忽死之，管仲不死。曰未仁乎？」子曰：「桓公九合諸侯，不以兵車，管仲之力也。如其仁！如其仁！」[8]

子貢曰：「管仲非仁者與？桓公殺公子糾，不能死，又相之。」子曰：「管仲相桓公，霸諸侯，一匡天下，民到于今受其賜；微管仲，吾其被髮左衽矣！豈若匹夫匹婦之為諒也，自經於溝瀆，而莫之知也？」[9]

所謂一匡天下／如其仁，可以保證他為君子無疑；而所謂器小／未儉／不知禮，則又發現他恬不知恥自絕於君子行列，這樣豈不令人懷疑他根本有著踐履君子德行上的困難，才會如此穩定不住使力的向度。

其實，君子德行儘管於理可以高標，但論及實踐則不能不意識它有開拓效率不及的困境。這縱使高明如孔子，也還在依稀彷彿定位自己的能耐，因為「文莫，吾猶人也；躬行君子，則吾未之有得」[10]，而「若聖與仁，則吾豈敢？抑為之不厭，誨人不倦，則可謂云爾已矣」[11]。這全是出自孔子的口，當非客套話，畢竟該君子型範在實踐面是一個「無盡成就」的歷程，沒有人能自豪或打包票

---

[7] 邢昺，《論語注疏》，頁30～31。
[8] 邢昺，《論語注疏》，頁126。
[9] 邢昺，《論語注疏》，頁127。
[10] 邢昺，《論語注疏》，頁65。
[11] 邢昺，《論語注疏》，頁65。

說他完全做到了。

　　凡是不知在那裏發揮或正在從事卻又自覺不足够的，都關係到上述何處實踐及其所衍生效度評估怎樣體制化的問題。這一旦成爲困難點，很自然就會影響到人的踐行願力而難免孳生出逃避心理。正緣於有此一難題存在，所以光欣慰君子型範提領氣化觀型文化而使它深有光耀於世的本錢還不算數，必須再有讓它更具效率的重建欲求且付諸行動，才能圓滿或了卻作爲一個有心人對己身所隸屬文化統系前景的關懷摯情。

二、相關理論到實際踐履距離的消解

　　我們可以想像，當孔子在給君子德行模塑向度時，他每一次第所說出的話（如「君子周不比」、「君子喻於義」、「君子成人之美，不成人之惡」和「君子於其言，無所苟而已矣」等）[12]，當真要他自己去實踐時，恐怕也會斟酌處度再三；否則也不致稍不留神就差池了相關的舉措[13]。可見從理論到實際踐履還有一段距離，無法確

---

[12] 邢昺，《論語注疏》，頁 18、37、109、115。

[13] 這類差池，曾見於兩段文字的記載：「陳司敗問：『昭公知禮乎？』孔子曰：『知禮。』孔子退，揖巫馬期而進之曰：『吾聞君子不黨，君子亦黨乎？君取於吳為同姓，謂之吳孟子。君而知禮，孰不知禮？』巫馬期以告，子曰：『丘也幸，苟有過，人必知之。』」「子之武城，聞弦歌之聲，夫子莞爾而笑曰：『割雞焉用牛刀？』子游對曰：『昔者，偃也聞諸夫子曰：君子學道則愛人，小人學道則易使也。』子曰：『二三子，偃之言是也，前言戲之耳！』」（邢昺，《論語注疏》，頁 66、154）前者，孔子為君諱是全了禮，但文飾本身卻違了義，終究難以成就至德君子；後者，孔子縱是以自嘲來開脫而看似可以原諒，但那卻已先傷了子游的自尊心，畢竟有失君子厚道。此外，據史書所述，孔子居魯大司寇行攝相事時「有喜色」（詳見司馬遷，《史記》，臺北：鼎文書局，1979 年，頁 1917），這也跟他自己所強調的「君子不重則不威」和「君子矜而不爭」一類規條（邢昺，《論語注疏》，頁 5、140）不盡相侔。

定採取行動就能見著成效，也難以保證不會有意外變數介入而妨礙或延緩了理論的實現；而這也正是前面所述何處實踐該難題始終迴避不了的原因所在（沒先解決理論和實際踐履的距離問題，才會有繼起的何處實踐疑慮存在）。

從理論到實際踐履所以不是一蹴可幾，最優先的緣故就在理論本身的形塑過程早已蘊涵了實際踐履沒得讓人可以「稱心如意」。這一點，只要對理論的形態有所認知就能意會得到：通常理論是由一組通則所結合成的系統[14]，在形式上已頗為可觀；而它所得先行設定概念和建立命題而後才進行演繹等整套流程[15]，相關的內容更見頭緒紛繁，致使實際踐履要想對應或相契就得「尋隙從事」而不可能「全體包裹」。這種情況既是在單一事件上見效（尋隙從事的結果），那它所遺層面或脫略配件就會回過頭來強索實際踐履未能合轍的病症。

試為考究孔子的君子理論，光新創一個「君子」概念（由爵位義轉為德行義），就不知折煞了多少人（不然也不會有一夥弟子如子貢、司馬牛和子路等紛紛在追問它的立意或進趨方向）；而所裁可建成的「命題」（如最具標誌義的「**君子義以為質，禮以行之，孫以出之，信以成之**」此一說詞[16]，就含有「義以為質」、「禮以行之」、「孫以出之」和「信以成之」等四項命題）多達數十項，更不知考倒了多少後生晚輩（一項命題就是一個論點，而集合所有論點冀人實踐，

---

[14] 詳見荷曼斯（George C. Homans），《社會科學的本質》（楊念祖譯），臺北：桂冠圖書公司，1987 年；陳秉璋，《社會學方法論》，臺北：環球書局，1989 年；呂亞力，《政治學方法論》，臺北：三民書局，1991 年。

[15] 案例可參見周慶華，《語文符號學》，上海：東方出版中心，2011 年；《華語文文化教學》，新北：揚智文化公司，2012 年；《文學經理學》，臺北：五南圖書出版公司，2016 年。

[16] 邢昺，《論語注疏》，頁 139。

那可會嚇壞人）；至於就近解釋或旁爲推衍的「演繹」現狀（如對子產和蘧伯玉等人所具君子風範的條陳以及對當時政壇一些斗筲之人的敗亡預告等），大概也只能引人心有戚戚焉而不知「如之何」了（因爲已在的典範不可企及而未發生的危厄還不便想像）。此一「散見式」的君子理論，經過統整後固然也不乏理序，但它卻留給了大家這個「因應不及」或「礙難體現」的困境，想來也不得不對那些「鎩羽而歸」的人致以一分同情。

就以「義」質爲例，來看它從理論到實際踐履的距離有多遙遠。單義字，普遍被訓爲「合宜」，具高度概括性，得從對列事件的相襯中才能研判它的確當性（如跟「利」的對比）。這麼一來，天底下合宜的事可說是無窮盡，而人每次所踐履的義行只能偏具一格，其餘的就都成了他的匱缺。而這時倘若有權引爲對諍的事項出現，就會形成爭議的局面在窮討著可能遠及天邊的仲裁力量。例子如：

> 王孫賈問曰：「『與其媚於奧，寧媚於竈』，何謂也？」子曰：「不然！獲罪於天，無所禱也。」[17]

不論是媚奧還是媚竈或是媚天（禱於天等於是媚天），都是不合義的行爲；反過來不媚奧不媚竈不媚天，就是合義的行爲。顯然此處判斷義／不義的標準，不是彼此的取徑，而是那媚／不媚本身。因此，媚奧媚竈媚天只是程度不同，而無關誰合義誰不合義的問題。但照孔子的語氣來看，似乎有劃分兩橛的意思，這就不免會危及或鬆弛到義德的正當性。而如果有人不察以媚天來訾議媚奧媚竈的非義行爲，那麼離該義德的踐行就更迢遠了。又如：

---

[17] 邢昺，《論語注疏》，頁 28。

子疾病，子路使門人為臣。病閒，曰：「久矣哉，由之行詐
也！無臣而為有臣，吾誰欺？欺天乎？且予與其死於臣之手
也，無寧死於二三子之手乎！且予縱不得大葬，予死於道路
乎？」[18]

前者所體貼加諸的「有臣甚過無臣」以為義（恰當）是依倫理研判；
後者直斥「無臣卻為有臣」認定它不義（不恰當）則是就事實論議，
彼此所據理則或所持立場有別，不宜相互非難。如今孔子一逕否定
子路所做的，很容易造成大家跟著誤判或輕率推斷該行動的非理
性，而從此短缺研練相關義德可以更深或更廣踐履的能力。由此也
可見，「義」質在落實上，還存在著階次不好混淆的邏輯問題；而思
慮不及或慣性含糊的人，也同樣無能在這一關卡予以處理得不留遺
憾。

像這類取則偏具一格而任由眾他格相衡所顯現理論和實際踐履
必有質距的難題，無不在在考驗著每一個行動者的識見及其應對能
耐。以至設法加以消解而使有關德行內著外煥的光華常在，也就成
了考量自我所屬文化統系因有此一君子型範而希冀它能夠更為昌皇
的最大使命。至於具體作法，則不妨透過一個可藉為擬比的質能轉
換式配備來成就，它的效度將會遠高於古來所能被想出的計謀對策。

三、質能轉換的擬比及其必要的自我配備

在創始者孔子那邊，應當也知道存有這種質距，只不過他所設
想形現的濟渡方略僅限於一個「學」字（偶有另加情境提示以供大

---

[18] 邢昺，《論語注疏》，頁79。

家揣摩借鏡，也都屬於隨機點化式，而不便據為想像全幅狀況）。如：

> 子曰：「見賢思齊焉，見不賢而內自省也。」[19]

> 子曰：「君子博學於文，約之以禮，亦可以弗畔矣夫！」[20]

> 子曰：「三人行，必有我師焉。擇其善者而從之；其不善者而改之。」[21]

> 子曰：「吾嘗終日不食，終夜不寢，以思，無益，不如學也。」[22]

這都莫不是在明喻暗示人此類習取進益的途徑。但學為君子所以罕見成效，卻有甚多非關學的變數，實在不是淺見且不善思慮的人所能深透（更不可能期待他們有朝一日頓悟而自行決策）。

倘若說從君子理論設定到實際踐履明顯有一段距離難以跨越，那麼習取進益無成的人就是將那「意外變數」（見前）帶入的始作俑者。理由就在學（習取進益）本身乃一充滿強迫壓力的歷程，而性癖別有所屬或意志不夠堅定的人自然會偷雞縮減或轉向異驅。這樣所會出現的變數就多了：包括君子難為姑且淪為小人而妨道、忌諱君子型範高標無處體現而墮道、踐行君子德業著實費力而哀道、天下烏鴉一般黑不免沮棄志意而孤道和成就沒有止限而畏道等，都可能摻入求為君子的行程而變成牽絆礙事的牢固根源。因此，光提出

---

[19] 邢昺，《論語注疏》，頁 37。

[20] 邢昺，《論語注疏》，頁 55。

[21] 邢昺，《論語注疏》，頁 63。

[22] 邢昺，《論語注疏》，頁 140。

一個學的對策就希望解決君子難期問題，不啻是緣木求魚[23]，它當更積極的先面對上述的變數而予以高效率的因應，才庶幾有望。

　　除了孔子認真爲君子說的罅隙構設過彌合的方略，後來就儘見傳述疏解或無心搬弄而沒有再出現過可以併比的言論（也許是後人覺得孔子已經說得够多了，無能超越他的範域，索性自動噤聲）。倒是當代有人提出一個涵蓋「實謂」（原思想家實際上說了什麼）、「意謂」（原思想家想要表達什麼或他所說的意思到底是什麼）、「蘊謂」（原思想家可能要說什麼或原思想家所說的可能蘊涵是什麼）、「當謂」（原思想家應當說出什麼或詮釋者應當爲原思想家說出什麼）和「必謂」（原思想家現在必須說出什麼或爲了解決原思想家未能完成的思想課題而詮釋者現在必須踐行什麼）等五個層次的所謂「創造的詮釋學」架構在析解演繹古代典籍的義理[24]，這如果也運用於處理上述君子說的罅隙問題（消解理論和實際踐履的質距），可能會有一番新的建樹。只可惜他僅僅著意在擴充理解既有的義理（且得面對後現代一些基進理論的遙相解構威脅）[25]，而尚未考慮到更爲深遠的重建增效課題，依然沒得我們參照而藉爲塡補上述的空白。因此，別爲尋出一個針對癥結而加以有效化解的質能轉換式配備策略，也就在此時此刻「捨我其誰」了。

---

[23]　據《論語》所載，孔子所標榜的學具多種層次，如「生而知之者，上也；學而知之者，次也；困而學之，又其次也；困而不學，民斯爲下矣」等（邢昺，《論語注疏》，頁149）。當中「生而知之者」，大概僅君子德行的倡導者孔子自己勝任，其餘「學而知之者」和「困而學之者」等恐怕都在冀望且強求不得的範圍，最後可能只剩「困而不學，民斯爲下矣」一個狀況在對峙著君子德業的虛擬存在。
[24]　詳見傅偉勳，《從創造的詮釋學到大乘佛學——「哲學與宗教」四集》，臺北：東大圖書公司，1990年，頁9～11。
[25]　詳見周慶華，《佛學新視野》，臺北：東大圖書公司，1997年，頁91～107。

　　所謂質能轉換式配備中的「質能轉換」乃取自近代物理學相關的說詞。據愛因斯坦（Albert Einstein）相對論的發微，物質會因運動而產生能量且自我改變形態。它一方面顯示物質運動的速度越快所產生的能量也越大（愛因斯坦用一個 $E=MC^2$ 的數學式來表示該質能關係）[26]；另一方面又顯示隨著運動的速度增加質量也會跟著變大[27]，從而改變了古典物理學如牛頓（Isaac Newton）絕對時間的觀念。這可以擬比來為君子說彌縫的地方在於：我們倘若能夠做到一如給物質撞擊或燃化或兜轉刺激而讓它產生能量那樣把君子理論加上某些助緣，那麼有關實際踐履所遇到的質距就會自動減卻而便於長久應驗；同時也因該理論所得助緣發揮莫大作用而更容易受到矚目重視，使得該理論能夠推廣無礙而著實裨益了現實世界的淳善升轉。

　　由於這是要為君子理論加強驅力，以為中國傳統氣化觀型文化的重建找到可靠的支柱，所以整個方案的提出要以能顯現質能轉換式的兩面能動形態為著眼點，在自我配備上則得如有兩翼，以便可以高翔。而這無妨從一個例子說起：孔子曾對有意從事教化工作的子夏說「女為君子儒，無為小人儒」[28]，這看似平常話，沒有什麼疑義存在。但仔細想來卻又不然！依《論語》所載，孔子僅此一次提到「儒」[29]，帶有稀奇性；而他自己也是一名儒者，照理對該身

---

[26] 這個「能量等於質量乘以光速的平方」的運算式，使物理學家理解到，即使很微小量的物質也有潛力產生巨大的能量（原子彈的研製仰賴原子核裂變就是運用此原理）。詳見霍金（Stephen Hawking）編，《站在巨人肩上》（張卜天等譯），臺北：大塊文化出版公司，2005 年，頁 196～199。

[27] 好比質量的速度如果達到光速的〇‧七倍時，時間則會以一‧四分之一的速度慢慢運轉，這時質量就會變成原來的一‧四倍。詳見小暮陽三，《圖解基礎相對論》（劉麗鳳譯），新北：世茂出版社，2002 年，頁 118～119。

[28] 邢昺，《論語注疏》，頁 53。

[29] 有人根據古書所述（如許慎《說文解字》的「柔也」、《風俗通》的「言其區別

分要予以十分肯定,怎會突地將儒分成兩極,而在語氣上又顯得對儒者有點不屑(才會告誡子夏別向那存在的小人儒一端墮落)?是不是從事教化工作的儒者在那時已經走樣而不再能令人全心景仰?如果是的話,那麼這裏面就會有大儒/小儒、真儒/假儒、基進儒/保守儒、正經儒/無賴儒和盡責儒/混蛋儒等類似區分可以增衍和所隱含各自可能的中間型也得補綴等資訊尚未見示,而使得君子儒/小人儒一個對比項遠不足以讓聽者有所意會或確能解悟(諒必子夏背地裏也會有一絲「夫子爲何要這般區別儒」的困惑)。以至有必要回過頭去先將儒的性質、功能及其可能的侷限或所會有意無意的陷落等予以詳細界說,才能實際發生點化的效果;否則大家只能像鴨子聽雷或憑空自由猜測,而含糊混將過去。

顯然從這個例子可以覷見:裏頭迫切需要一張檢核表。倘若檢核表在立說者那裏也能被意識而主動提供了,那麼它就是我所說質能轉換式的自我配備的完成。此項的必要性,不僅是理論建構本身綿密完形化的無上要求,而且還是所冀實際踐履能够順遂無礙的不二保證。如今少了它,有關孔子改造的儒者身分就那樣不明不白的出現在歷史上,任憑大家去想像。

四、君子德行從新高揚在此一役的質能轉換式配備

現在要輪到此次論述來爲已經缺義的君子德行添加質能轉換式

古今」、《禮記》的「濡也」和揚雄《法言》的「通也」等說法)而判定儒指「能通天地、則古今、涵濡先王道藝,以優柔方法教導人民」的人(詳見程發軔,《國學概論(上冊)》,臺北:國立編譯館,1978年,頁174)。這很明顯是多衍了儒的內涵,如果謹慎一點從構字儒(人需)及偏旁需(雨而)的會意來看,當爲人所需的對象;而需從雨帶有潤澤意,又知他是能行教化一類,因此不妨以中性的「從事教化工作者」稱呼。

配備，希望它能因此而從新高揚。而爲了不讓君子理論無以圓說，得先代孔子增補兩個前提：一個是君子的成就不在德業本身（那是供外界感受想念的），而在可以使人生則堪慰／死則無憾的榮譽感著心（體驗價值的寄生式存有）；不然舉世就會淪爲盡疑「社會普遍風氣但見嗜欲好利，爲何獨我一人要信守君子節操」的蕪亂鄙極不堪下場，無人可當轉使世界秩序化／高華化的擎天柱。另一個是既是德行，那有關它的邊界自然要隨著自我意志的強化及其所促成現實情境變遷的深化而不斷擴延，以至大家得強著「不可能一爲君子就永遠爲君子（單一成就）」而知所無止盡樂爲的信心，才有能耐面對「成就還在更遠處」的風險考驗。有了這兩個保證必要君子修爲和無盡君子修爲的前提（可視爲本質能轉換式配備的前後成分），就比較方便來構思留在這中間的質能轉換式配備。

事實上，細爲爬梳《論語》全書，當也不難發現此處所要添加的配備早已有那麼一點影子。好比孔子對弟子時人的答詢所無意點出的境況：

> 樊遲請學稼。子曰：「吾不如老農。」請學爲圃。曰：「吾不如老圃。」樊遲出，子曰：「小人哉，樊須也！上好禮，則民莫敢不敬；上好義，則民莫敢不服；上好信，則民莫敢不用情。夫如是，則四方之民襁負其子而至矣，焉用稼？」[30]

> 子適衛，冉有僕。子曰：「庶矣哉！」冉有曰：「既庶矣。又何加焉？」曰：「富之。」曰：「既富矣，又何加焉？」曰：「教

---

[30] 邢昺，《論語注疏》，頁 116。

之。」[31]

季康子問政於孔子。孔子對曰:「政者,正也,子帥以正,孰敢不正?」[32]

季康子患盜,問於孔子。孔子對曰:「苟子之不欲,雖賞之不竊!」[33]

季康子問政於孔子曰:「如殺無道,以就有道,何如?」孔子對曰:「子為政,焉用殺?子欲善,而民善矣!君子之德風,小人之德草,草上之風必偃。」[34]

前二則所涉及的好禮／好義／好信／富之／教之等和後二則所涉及的帥以正／不欲／不用殺(欲善)等,不啻是君子從政的中低標準。這如果再加上孔子別為議及「大哉,堯之為君也!巍巍乎,唯天為大,唯堯則之!蕩蕩乎,民無能名焉!巍巍乎,其有成功也!煥乎,其有文章!」、「巍巍乎!舜禹之有天下也,而不與焉」和「禹,吾無閒然矣!菲飲食,而致孝乎鬼神;惡衣服,而致美乎黻冕;卑宮室,而盡力乎溝洫。禹,吾無閒然矣!」[35]等所透露的已仁境地而可為君子從政的高標準,彼此合成了一道美善政治光譜,那麼攸關君子德行要在外王事業上體現發揮的檢核表不就焉然成形了。而我

---

31 邢昺,《論語注疏》,頁116。
32 邢昺,《論語注疏》,頁109。
33 邢昺,《論語注疏》,頁109。
34 邢昺,《論語注疏》,頁109。
35 邢昺,《論語注疏》,頁72、73～74。

們拿它來明著為君子理論可為實務借鑑的一環，勢必會有促進效能的作用；而此舉就形同是一項質能轉換式的配備[36]，可以在相關課題的討論中立顯典範形象。

又好比孔子對弟子時人的批評所無心歸結的情狀（即使那也是由答詢而起）：

> 孟武伯問：「子路仁乎？」子曰：「不知也。」又問。子曰：「由也，千乘之國，可使治其賦也，不知其仁也。」「求也何如？」子曰：「求也，千室之邑，百乘之家，可使為之宰也，不知其仁也。」「赤也何如？」子曰：「赤也，束帶立於朝，可使與賓客言也，不知其仁也。」[37]

> 子張問曰：「令尹子文，三仕為令尹，無喜色；三已之，無慍色。舊令尹之政，必以告新令尹，何如？」子曰：「忠矣。」曰：「仁矣乎？」曰：「未知，焉得仁？」「崔子弒齊君，陳文子有馬十乘，棄而違之。至於他邦，則曰：『猶吾大夫崔子也！』違之，之一邦，則又曰：『猶吾大夫崔子也！』違之。何如？」子曰：「清矣。」曰：「仁矣乎？」曰：「未知，焉得仁？」[38]

> 子貢問曰：「何如斯可謂之士矣？」子曰：「行己有恥，使於四方，不辱君命，可謂士矣。」曰：「敢問其次。」曰：「宗

---

[36] 當然，這項配備還要補上「修己以安人」或「博施濟眾」此一最高標準（雖然它是「堯舜其猶病諸」）（詳見邢昺，《論語注疏》，頁131、55），才算完整。它縱是在現實中難見事例，但無妨將它懸為一格。

[37] 邢昺，《論語注疏》，頁42。

[38] 邢昺，《論語注疏》，頁44～45。

族稱孝焉，鄉黨稱弟焉。」曰：「敢問其次。」曰：「言必信，
行必果，硜硜然小人哉，抑亦可以為次矣。」曰：「今之從政
者何如？」子曰：「噫！斗筲之人，何足算也！」[39]

子路／冉有／公西華有治賦／為宰／禮賓的才華，卻未能到君子上
契仁者的願力階段（且有佞口賊人／為季氏聚斂／自我宰化格局等
反君子行徑）[40]；令尹子文／陳文子的忠／清表現於去留或仕隱多
所猶豫，少了君子應有的決斷；斗筲之人反士行，更無力預約君子
德能，如此「等而下之」不能為君子的（不肯躋身君子行列的），無
慮也自成一道反向光譜，可以權為世人戒惕陷落的檢核所據，同樣
有助於君子理論自勵轉生效益的功能；而有我們並取為補列另項質
能轉換式的配備（當然，這道反向光譜再延伸到公然屠戮媒孽禍害
如夏桀商紂秦皇／歷來奸臣權貴或個人私行索怪如宰我減禮求快／
原壤老賊白活等[41]，那就越發不堪聞問而得特別強加註記了）。

　　可見所關質能轉換式配備的倡議已經有基礎理底，自然便於加
碼附益，讓它終獲體制化寶名，而更加助益於實踐粲然格力。本脈
絡為首開風氣，姑且再擬議一題以見模式謀畫必有可觀處：首先，
出發點乃因看到有關德行抉擇的座標，孔子所習慣提供同一限象上
的種屬／門類或概括／單指的對比模式（如義／利、周／比、和／
不同……等等），這不但短於喻示體驗價值的兩極性（如義／周／和
所該對比的是不義／不周／不和，而利／比／不同僅為不義／不周
／不和的成分，不能「僭居大位」）；並且還缺乏明揭價值的層級性
（這要透過光譜般的設定才能有效導引理解），以至前去勉為補救也

---

39 邢昺，《論語注疏》，頁 118。
40 詳見邢昺，《論語注疏》，頁 98、100。
41 詳見邢昺，《論語注疏》，頁 157～158、131。

就「正當其時」了。

其次，此地就以君子行義為例，試著展演所能添加質能轉換式配備的具體作法。而這不妨藉《儒林外史》所敘及的一幕來開議：

> 杜少卿道：「自先君赴任贛川，把舍下田地房產的賬目，都交付與婁老伯，每銀錢出入，俱是婁老伯做主，先君並不曾問。婁老伯除每年修金四十兩，其餘並不沾一文。每收租時候，親自到鄉裏佃戶家，佃戶備兩樣菜與老伯喫，老人家退去一樣，纔喫一樣。凡他令郎、令孫來看，只許住得兩天，就打發回去，盤纏之外，不許多有一文錢，臨行還要搜他身上，恐怕管家們私自送他銀子……」韋四太爺歎道：「真可謂古之君子了！」[42]

文中婁煥文當了杜家門客總理財務三十年，硜硜自守，不貪一文錢；但在他告病回鄉前，卻對少主人杜少卿說了這一番話：「……但是你不會當家，不會相與朋友，這家業是斷然保不住的了！像你做這樣慷慨仗義的事，我心裏歡喜；只是也要看來說話的是個甚麼樣人。像你這樣做法，都是被人騙了去，沒人報答你的。雖說施恩不望報，卻也不可這般賢否不明……」[43]一個一介不取，一個大方捨財，彼此都是仗義而行，但後者卻被前者批評為德行有虧；殊不知前者僅是存義德底限，而後者則在給義德拓邊，相互非難只會透顯非理性橫心。

從上述案例可以得知（雖然那是小說家虛構的情節，但依理現實中也自有這兩種人），君子行義有程度的差別。就婁煥文和杜少卿

---

[42] 徐少知，《儒林外史新注》，臺北：里仁書局，2010 年，頁 471。
[43] 徐少知，《儒林外史新注》，頁 489～490。

二人來說，他們都在私領域，前者算是小成就，後者則堪稱中成就。依此推衍，當還有大成就和極大成就等。而這則要寄在能施展才藝以「粉飾乾坤」（可帶給他人無盡審美感受）和著書立說以「筆補造化」（可啓導他人智慧且推移變遷或改造修飾語言世界）的人身上[44]。如此一來，所羅列出的小成就／中成就／大成就／極大成就等君子行義差等及其舉實，不啻就構成了一張私領域行義的檢核表，而爲自從有義論以來所未睹[45]，乃一最新的質能轉換式配備。

　　再次，出了私領域而進到公領域，一樣可以比照加值。而這所能取例的就有比較可就近採擇的，例如公私分明以顯示行義小成就的，除了《論語》中載有澹臺滅明行不由徑、孟之反不伐一類事跡[46]，僅近現代於公部門、學校、軍隊和研究機構等體現爲較高端或影響更爲深遠的「以守分寸爲身教」類型也時有所見[47]。再來就是能在政治上表現出謹身護民式的行義中成就，而這則有子產「其行己也恭，其事上也敬，其養民也惠，其使民也義」的典範在[48]。接續的乃是孔子所期許的推己及人或孟子所發露的與民同享此類仁政和孔

---

[44] 參見周慶華，《紅樓搖夢》，臺北：里仁書局，2007 年；《文學動起來——一個應時文創的新藍圖》，臺北：秀威資訊科技公司，2017 年；《解脫的智慧》，臺北：華志文化公司，2017 年。

[45] 《論語》有著錄過公明賈義然後取、伯夷叔齊餓於首陽山下一類案例（詳見邢昺，《論語注疏》，頁 125、150），它只能隨機入證，而無法自顯檢核表功效。

[46] 詳見邢昺，《論語注疏》，頁 53。

[47] 如蔡元培、朱自清、胡宗南和李濟等人的表現，都頗受讚揚（按：蔡元培在出任北京大學校長前，曾當過教育總長）。詳見田茜等，《十個人的北京城》，臺北：高談文化公司，2004 年，頁 28～52；汪修榮，《民國風流》，新北：新潮社文化公司，2011 年，頁 72～84；葉霞翟，《天地悠悠》，臺北：幼獅文化公司，2013 年，頁 14～36；李霖燦，《西湖雪山故人情》，臺北：雄獅圖書公司，1991 年，頁 102～107。

[48] 詳見邢昺，《論語注疏》，頁 44。

子更深仰望的博施濟眾該類聖舉等[49]可爲行義大成就和極大成就。這自然在現實中難以見著，但論及相關的檢核表則不能缺此二項。這樣也給公領域的行義加添了質能轉換式配備（由整合孔孟眾多零散言說而成），跟前者合而展現出特大宗從新高揚君子德行的實用方案。

五、中國傳統氣化觀型文化的重建方向終於有了著落

以質能轉換式配備來開啓從新高揚君子德行的策略，也等於是爲中國傳統氣化觀型文化在增益上（而非自廢墟中生出）找到了重建方向。依一般質能轉換的情況，物質在經由撞擊或燃化或兜轉刺激後產生了能量，而它自己也會或可能改變形態（有固態／液態／氣態的互轉變化），但不論如何它都還是物質。這也使得質能轉換只會作功，而不致奪去物質的原有成分。相同的，從新高揚君子德行的質能轉換式配備，也保留了它原有最可寶貴的型範質地，只是斟酌爲它增添了翅膀好騰空而起，再駭世一次。

眼看著西方創造觀型文化興作資本主義全球化後所夾帶的科技濫施禍害、強權掠奪四處點燃戰火、新經濟體競出相互廝殺，以及實質上造成的資源枯竭、臭氧層破洞、溫室效應、酸雨危害、熱帶雨林減少、土地沙漠化、野生動物瀕臨絕種、海洋汙染和有害廢棄物等生態浩劫，早就預告了這個世界可能在一夕間崩毀，所有的生靈即將滅絕而無以存續！再不針對全球化予以諫諍反制，讓世界推進到後全球化時代庶幾人類可以喘息止災而地球也能得著休養生息

---

[49] 邢昺，《論語注疏》，頁 55；孫奭，《孟子注疏》，十三經注疏本，臺北：藝文印書館，1982 年，頁 35～36。

機會，這一切就都危殆自動加劇而無從想望還有明天[50]！因此，重揚君子德行，就是爲了這一波的濟渡大業。不論是政治管理、經濟運作、社會福利籌謀、國防武備、教育建樹和外交折衝等，都深有需要體制內君子化而逐漸朝合理良善途徑伸展，從而體現一種經由君子中介所改造過的理想生活模式，然後希冀它在點滴見效後的廣推澤及四方也能水到渠成。

---

[50] 參見周慶華，《反全球化的新語境》，臺北：秀威資訊科技公司，2010 年；《生態災難與靈療》，臺北：五南圖書出版公司，2011 年；《文化治療》，臺北：五南圖書出版公司，2012 年。

第七章　君子氣節的歷史演繹：
　　　　中國傳統氣化觀型文化的
　　　　一個權變課題

一、君子守節的境遇考驗

從君子型範被孔子模塑後，中國傳統氣化觀型文化很明顯起了莫大的改變，一個高格的德行形象始終穿梭在歷史的洪流裏，扮演著金字塔形社會結構的中流砥柱，也激勵著無數累世奔赴此地著實不能或有意進益的人心[1]。而由君子上契的仁者聖人，在自我承擔上既能「殺身成仁」，也能「捨生取義」[2]；影響所及，盡成明月照徹暗黑大地，而有「天下歸仁」和「百世興起」等美好境界可以想望：

顏淵問仁，子曰：「克己復禮為仁。一日克己復禮，天下歸仁焉。為仁由己，而由人乎哉？」顏淵曰：「請問其目。」子曰：「非禮勿視，非禮勿聽，非禮勿言，非禮勿動。」顏淵曰：「回

---

[1]　源於古來國人信守精氣化生萬物的氣化觀這種世界觀，使得傳統社會逐漸發展出以家族為基本單位的金字塔形結構（精氣化生成人在別無隸屬的情況下，必以凝聚有血緣關係的家族為營生前提；而家族長幼有序的小金字塔形結構，衍為政治體制的建立，自然形成了一個大金字塔形結構，從而制約著大家的生活）。而能居中撐起或穩定此一結構的，就非這些具備高超德能的君子／仁者／聖人莫辨。至於受著激勵的人往來此地依戀不輟，則又是印度佛教輪迴觀念傳來後，所提醒我們必有此類生靈不斷奔赴塵世現象而聯想到的。參見周慶華，《中國符號學》，臺北：揚智文化公司，2000 年，頁 61～80；《後佛學》，臺北：里仁書局，2004年，頁153～172；《靈異學》，臺北：洪葉文化公司，2006 年，頁 201～223。

[2]　如孔子和孟子所分別說的「志士仁人，無求生以害仁，有殺身以成仁」和「生亦我所欲也，義亦我所欲也；二者不可得兼，舍（捨）生而取義者也」（詳見邢昺，《論語注疏》，十三經注疏本，臺北：藝文印書館，1982 年，頁 138；孫奭，《孟子注疏》，十三經注疏本，臺北：藝文印書館，1982 年，頁 201）。

雖不敏，請事斯語矣！」[3]

孟子曰：「聖人，百世之師也，伯夷、柳下惠是也。故聞伯夷
之風者，頑夫廉，懦夫有立志；聞柳下惠之風者，薄夫敦，
鄙夫寬。奮乎百世之上，百世之下聞者莫不興起也。非聖人
而能若是乎？而況於親炙之者乎！」[4]

這已經是身在此一文化氛圍裏的人畢生所得追隨信守的鐵則，離了
它必有「茫無所適」的憾恨和「終成甚人」的疑竇！而為了這般德行
在踐履過程中唯恐被僵化看待，所遺或早就蘊涵的一個權變課題，
也要浮出檯面而予以典則化或體制化，使君子型範能更為恆久普及。

　　所謂權變課題，是指君子所守氣節無論多麼的高華，他終究得
在具體境遇中發揮所長以及產生影響力，實際上只要有礙難兌現或
施展不開的情況，就都成了君子從新檢視己力匱缺與否的契機；倘
若此中涉及必須「彈性以對」或「衡酌量出」的成素，那麼一個
權變課題就自然顯現了。這在孔子的時代，已經有「無可無不可」
一類恰似自我解套的說詞[5]；而到了孟子繼志後，更以可能的手援嫂
溺該一反經通變例證示人[6]，或如設想的舜棄帝位背父而逃的情節啟

---

[3] 邢昺，《論語注疏》，頁 106。
[4] 孫奭，《孟子注疏》，頁 251。
[5] 原文如下：「逸民：伯夷、叔齊、虞仲、夷逸、朱張、柳下惠、少連。子曰：『不
降其志，不辱其身，伯夷、叔齊與？』謂：柳下惠、少連：『降志辱身矣，言中倫，
行中慮，其斯而已矣！』謂虞仲、夷逸：『隱居放言，身中清，廢中權。』『我則
異於是，無可無不可。』」（邢昺，《論語注疏》，頁 166）
[6] 該反經通變的例證源自一場論辯：「淳于髡曰：『男女授受不親，禮與？』孟子
曰：『禮也。』曰：『嫂溺，則援之以手乎？』曰：『嫂溺不援，是豺狼也。男女授
受不親，禮也；嫂溺援之以手者，權也。』曰：『今天下溺矣，夫子之不援，何也？』
曰：『天下溺，援之以道；嫂溺，援之以手。子欲手援天下乎？』」（孫奭，《孟子

世[7]；此後需要如此權變的更多紛繁事務（大家所遇情境總會不盡相同），就不言可喻了。

權變課題所以會成為君子守節在境遇上的考驗，主要是該權變的發生時機及其取捨依據等，還在有待通透的階段，不是凡為君子的就都可以順利應對。換句話說，它總得先經過一些明確或有效的程序，才能到達實質權變的終點。好比孔子所說的「君子道者三……仁者不憂，知（智）者不惑，勇者不懼」[8]，一個君子得具備仁智勇條件始有不憂不惑不懼的能耐去面對世事；而當中可以使君子不惑的智能發揮，就是權變不可或缺的歷程（其餘的仁勇只在增添進趨的欲力或速度）：研判對味了，所採取的行動當然就足以「翻然有成」或「少留遺憾」。

二、權變一理繼出調節始能應付

由於君子德行本身已是一種價值選擇（並非天生不可移易），而倫常事又特別變化多端，以至該德行在實踐中所需二度、甚至無數度選擇以為「權作定奪」，也就得當它是理中合有而不能嫌煩；否則有違秉德初衷或信心遞減的敗壞事，就會如捲軸般莫名的翻滾出來。換句話說，選擇當一個君子，自有所要割捨的異他慣習，而這在主見不足或定力有虧的情況下，很可能會誤入歧途而前功盡棄，反身危及自我平時努力累積的美名。

注疏》，頁 134～135）
[7] 該設想的情節起於一次對話：「桃應問曰：『舜為天子，皋陶為士；瞽瞍殺人，則如之何？』孟子曰：『執之而已矣！』『然則舜不禁與？』曰：『夫舜惡得而禁之？夫有所受之也。』『然則舜如之何？』曰：『舜視棄天下猶棄敝蹝也，竊負而逃，遵海濱而處，終身訢然，樂而忘天下。』」（孫奭，《孟子注疏》，頁 240～241）
[8] 邢昺，《論語注疏》，頁 128。

　　其實，從既有的案例，也已經可以窺見不能不權變的內在根源。比如說，君子「義以為質」[9]，他想在政治上施展抱負，是要看天下是否有道（無道則阻力齊至，君子如果強諫，恐怕只會徒然犧牲）[10]，但在實際去取時卻有一個「時機」得甄辨。也就是說，天下有道無道的判斷究竟以什麼為標準，除了自由心證能否再行找到可遵守的依據，這就在在考驗著君子的深層修養。以孔子為例，他一邊說「天下有道則見，無道則隱」[11]，一邊又無視於隱士所警告的「滔滔者，天下皆是也」，只信從「鳥獸不可與同群」，結果是「天下有道，丘不與易也」[12]，在一番奔忙後不但未見成效，反而還猶豫著應暗主召去從政[13]，一再的顯露出矛盾心理。雖然他在最後關頭也都絕去了出仕的意志，但很明顯那裏面仍有需要權變的卻尚未及早抉擇：

　　　　陽貨欲見孔子，孔子不見，歸孔子豚。孔子時其亡也，而往拜之，遇諸塗。謂孔子曰：「來，予與爾言。」曰：「懷其寶而迷其邦，可謂仁乎？」曰：「不可。」「好從事而亟失時，可謂知乎？」曰：「不可。」「日月逝矣，歲不我與！」孔子

---

[9] 詳見邢昺，《論語注疏》，頁 139。

[10] 通常倖能致仕的人，大多只想享盡尊榮，不喜歡政治太過清明（太過清明就不能混水摸魚），也不自期多造福百姓（多造福百姓會太過勞累自己）。君子在此一環境中，已經備感盲流壓力環伺而難有作為；更何況整體出了亂子而被暴虐者挾持，別說想要革新鼎故，恐怕連自己的性命都會危在旦夕。史上早已存在斑斑血跡，可謂殷鑑不遠。參見李國文，《文人遭遇皇帝》，臺北：御書房出版公司，2007年；吳思，《潛規則：中國歷史上的進退遊戲》，臺北：究竟出版公司，2009年；聶作平，《皇帝不可愛，國家怎麼辦》，臺北：遠流出版公司，2013年；張程，《衙門口：為官中國千年史》，臺北：遠流出版公司，2013年。

[11] 邢昺，《論語注疏》，頁 72。

[12] 邢昺，《論語注疏》，頁 165。

[13] 好比「公山弗擾以費畔，召，子欲往」和「佛肸召，子欲往」等（邢昺，《論語注疏》，頁 154、155），都可以看出他疑心不決的一斑。

曰：「諾，吾將仕矣！」[14]

齊景公待孔子，曰：「若季氏則吾不能，以季、孟之間待之。」曰：「吾老矣。不能用也。」孔子行。[15]

齊人歸女樂，季桓子受之，三日不朝，孔子行。[16]

孔子都是像這樣「冀能一仕」而終不可得才離去，未能或不肯在一開始就「見微知著」而斬斷致仕的念頭，使得抱憾已成而世智實欠的非美事儘留予人唏噓不已！可見拿捏好分寸以及找妥準據，乃是權變一理所俱在而難以容許人輕忽漠視。

　　權變依違於時機能否被把握間，它在調節有成而實際應付了抉擇的難題後，也會返回來更加凸顯君子德行的光華。這是說，君子守節於無人處，德行終究是闇默不彰，只有在他該權變抉擇而展現了可觀的成效，所本具的德行才隨著明朗化；而因著抉擇有理更讓自己深知不虧以及連帶贏得他人的敬重，從此純化洋溢了該德行。例子如：

子曰：「直哉史魚！邦有道，如矢；邦無道，如矢。君子哉蘧伯玉！邦有道，則仕；邦無道，則可卷而懷之。」[17]

當中史魚的耿直個性可數，但還不算實地君子明智到能在有道無道

---

[14] 邢昺，《論語注疏》，頁 154。
[15] 邢昺，《論語注疏》，頁 164。
[16] 邢昺，《論語注疏》，頁 164。
[17] 邢昺，《論語注疏》，頁 138。

間慎爲抉擇階段[18]。只有像蘧伯玉那類知所進退，才落實了權變義行而獲致有德君子美名[19]。此外，還有「甯武子，邦有道則知；邦無道則愚。其知可及也，其愚不可及也」[20]，也是同樣君子風義昭著（孔子讚美他們，當也有內蘊幾分自己不能所表現的愧憾在）。相對的，史上另有些著名人物的作爲如「微子去之，箕子為之奴，比干諫而死。孔子曰：『殷有三仁焉！』」「柳下惠為士師，三黜。人曰：『子未可以去乎？』曰：『直道而事人，焉往而不三黜？枉道而事人，何必去父母之邦？』」[21]，除了微子相稱，其餘都實德僅够居次（孔子稱揚箕子和比干爲仁者，顯是帶有一點兼攝義，並非他們真的可以德比微子；否則他將微子予以置首讚賞，在取理上就會自我矛盾）。

可見權變在君子守節過程中，始終具有自我見證和他人索據等雙重意義。此理一開，相關的節概才能在終極點上檢證成效；而作爲一個君子，他的歷事磨練也才有所結穴和轉益。這麼說，可能有人會反問：倘若無道時君子都權變遠離去了，那麼要靠誰來把無道轉回有道？這個問題牽涉尚有時間流會自然將無道加以汰除彌合，以及有可能出現異稟者「誤打誤撞」或「武勇倏趨德業」而扭轉了時局換成有道等變數，在此地實在不便岔出去強爲舉證，只得暫且打住而繼續往下取論。

三、止限在輕重緩急的抉擇間

---

[18] 按：史魚在衛國因爲國君不願罷免彌子瑕而進用蘧伯玉，憤而以尸諫，可見他個性耿直的一斑（詳見韓嬰，《韓詩外傳》，臺北：大化書局，1988 年，頁 436）。

[19] 按：蘧伯玉德高，連所派遣人都有好涵養而深得孔子讚譽：「蘧伯玉使人於孔子，孔子與之坐而問焉。曰：『夫子何為？』對曰：『夫子欲寡其過而未能也。』使者出。子曰：『使乎！使乎！』」（邢昺，《論語注疏》，頁 128）

[20] 邢昺，《論語注疏》，頁 45。

[21] 邢昺，《論語注疏》，頁 164

　　凡事需要權變抉擇，是因為有價值在，而價值的兩極性和層級性等特徵[22]，總是一再考驗著當事人的甄辨能耐；尤其在遇到某些兩難困境時（如義利不能並取、愛惡不好俱存和生死不可兼得等），短於衡較希選的人，很可能就會深陷焦心灼慮中而難以自處。但話說回來，所謂的兩難困境究竟是怎樣的兩難法，倒是優先要予以解決，才能預估相對應的權變課題即將伸展的方向。而這也就是順著前節為權變一理作定位後所得衍發的，目的乃在給必要的權變原則找出前提依據或期後歸宿。

　　嚴格的說，真兩難是無法抉擇的；而可以抉擇的（不論是生死還是愛惡或是義利）都不算是真兩難。前者，大概只存在於義務論的契約裏。好比古希臘時代有一位教人論證的老師跟他的一名學生簽了合同說，假如這名學生沒有辯贏第一個案件，那麼他就不必繳付學費。可是等學成了以後，該名學生並未去執業受理任何案件。老師為了要討得付款，就告上了法院。而那個學生則以下列的論證為自己辯護：

> 我不是會贏得這個案件，就是會輸了這個案件。
> 假如我贏得這個案件，那麼我不必付我老師錢（因為他要討錢的官司打輸了）。
> 假如我輸了這個案件，那麼我不必付我老師錢（因為我們的合約上規定如此）。

---

[22] 價值為寄生式存有，帶有兩極性（如真／假、善／惡、美／醜和聖／俗等）和層級性（由好到壞排列）等非事物本身的特徵。詳見方啓迪（Risieri Frondizi），《價值是什麼——價值學導論》（黃藿譯），臺北：聯經出版公司，1988年，頁6～10。

我不必付錢。[23]

不過，這位老師也呈示了一個論證。他說：

> 我不是會贏得這個案件，就是會輸了這個案件。
> 假如我贏得這個案件，那麼我的學生應該付我錢（因為我贏得了要他付錢的官司）。
> 假如我輸了這個案件，那麼我的學生應該付我錢（因為他贏得了第一個案件）。
> 我的學生必須付我錢。[24]

這對承審法官來說，就真的面臨了一個無從判決的尷尬局面。雖然不得而知該訴訟案件最終是怎樣收場的，但我可以設想只要令嚴酷的契約離場而請出人性溫情（用道德勸說雙方各退讓一步），大概問題就權且解決了。

　　反觀君子氣節體現所需要權變的都跟道德有關，而道德本身已進入價值兩極性和層級性的必要分辨範域內，不致會發生有如上述的真兩難絕境。因此，為相關的權變課題思考它可能的止限，也就「正當時候」。這是從權變也不宜茫無所適的角度而立論的，希冀能保障權變的合法性不被褻瀆（胡亂指責它是有意取巧或黔驢技窮），以及引出體制化或典則化的可能出路（這是說一旦能將權變模式帶進合理可從的範圍，就不慮君子氣節無所順適的體現）。

　　這得先聲明一點：在道德的兩極性中，君子氣節的權變只合擇

---

[23] 梭蒙（Wesley C. Salmon），《邏輯》（何秀煌譯），臺北：三民書局，1987 年，頁 59。

[24] 梭蒙，《邏輯》，頁 59。

取正面或可稱道的一端（也就是爲善去惡），而不能向負面或令人憎厭的一端墮落（也就是佞惡避善），以至無所謂有「僞君子」現身要被指摘的問題。一般在論及僞君子時，都以爲那是人表面酷似君子實則內裏全是小人肚腸。好比「假善之人，事事可飾聖賢之跡。只逢著忤時抗俗的事，便不肯做。不是畏禍，便怕損名，其心總是一團私意故耳」[25]，這就被當今學人據爲擴充解作「平日裏對人對事，不失其君子之風，以至令人確信是君子；一到關鍵時刻，特別是關係到自家名利，就會原形畢露，醜態立見」的僞君子行徑[26]。其實，那僅僅是小人在搬演的勾當，正格君子不可能先如此僞裝而後轉爲「僞君子」。因此，小人凡有修爲和願力不足而無緣進益成君子的，就很容易在半途而廢中從新淪爲原來身分（姑且不論在君子小人的光譜兩端還有中間型的人士），致使任何一個學習者未上契到君子層次的都得同樣在小人堆裏掛名，這時自然沒有僞君子此一弔詭稱名存活的空間。如此一來，所剩道德的層級性就成了考量權變止限課題的唯一依據。

正如上面所說的，權變不能無限到可以向道德光譜的負面端伸展（如果硬要這麼做，那君子就已經先不成爲君子，所涉其他課題自是毋須再行討論了），以至所遺相關止限的課題，就有了趁勢予以追探框範的餘地。換句話說，除了談論權變的止限還是權變的止限，無從別爲歧出去加權討論新增或衍化問題。這於理證上，已有內在自足性邏輯在保障（排除了道德兩極性干擾源的緣故），只要再往一

---

[25] 黃宗羲，《明儒學案》，臺北：華世出版社，1987 年，頁 1478。
[26] 詳見葛荃，《立命與忠誠——士人政治精神的典型分析》，臺北：星定石文化出版公司，2002 年，頁 163。按：《論語》載有孔子一段話「論篤是與，君子者乎？色莊者乎」（邢昺，《論語注疏》，頁 99），當中的「色莊者」，也許會被聯想到那是對僞君子的率先揭發；但詳審前後語，卻又看不出孔子實有這個意思（他只是在區分二者而已）。

個自我可置換性的量度準則去加冕，就成定案。所謂自我可置換性的量度準則，是指該量度準則是內部可以相互置換的；而實際上則意味著它容許借鑑者在幾個點眼間移動，以便能博弈式的找到最合適的權變途徑。而這則有一個「輕重緩急」的至標可以體制化，君子氣節的權變抉擇就在它的臨場導引或制約中。也就是說，權變考量得有止限，而止限則以事涉輕重緩急為權衡依據；只要有所改向抉擇的，都以它為第一級序量表（第二級序以下的就從這裏再細緻化或具體化）。出了此一規範，君子氣節鐵定不保（沒有別的準的能被君子據以為從事他所要的權變）。

　　至於在事證上，則以為能跟理證相印為切要而不必在意數量多寡。就以《論語》所載的為例，類此涉及權變課題的如所引商湯討伐夏桀的禱祝「有罪不敢赦，帝臣不蔽，簡在帝心！朕躬有罪，無以萬方；萬方有罪，罪在朕躬」、周武王分封諸侯的信誓「雖有周親，不如仁人；百姓有過，在予一人」和周公對魯公就任封地前的訓戒「君子不施其親，不使大臣怨乎不以，故舊無大故則不棄也，無求備於一人」[27]。前二者把「萬方有罪」或「百姓有過」攬在一身，乃為一種權變抉擇（他們原儘可有臣工分層負責去善後或僅當是萬方或百姓的自度無著而仍穩居帝王寶座），為的是要藉此收服人心以及進一步表明他們實有更加廣施恩澤的信念。顯然這是找了反挫力最輕而酬報最重的權變途徑，一方面不致會因怪罪萬方或百姓而危及自己的權位和信譽；另一方面萬方或百姓也可以放心且樂意相隨而給了他們無盡精神上的回饋。後者亟欲轉所得或必須的革故鼎新權變而為全面守成或因循舊制，那真要實現（如是周公本人勢必會這般踐行），所考慮的無非就是它最能減少阻力，以及有益於受封者

---

[27] 邢昺，《論語注疏》，頁 178、167。

在相對上對天子的無條件效忠（除了反挫力輕，還有兩面性酬報也特重），跟前二者異曲同工。

倘若不仿此完事的，那麼很可能就會往異端歧路行去。例子如子貢和宰我二人曾有過的減降禮等訴求而少了輕重緩急的力智判別（可想而知那實際結果難免會導致另一個混亂局面）：

> 子貢欲去告朔之餼羊。子曰：「賜也！爾愛其羊，我愛其禮。」[28]

> 宰我問：「三年之喪，期已久矣！君子三年不為禮，禮必壞；三年不為樂，樂必崩。舊穀既沒，新穀既升，鑽燧改火，期可已矣。」子曰：「食夫稻，衣夫錦，於女安乎？」曰：「安！」「女安則為之！夫君子之居喪，食旨不甘，聞樂不樂，居處不安，故不為也。今女安，則為之！」宰我出。子曰：「予之不仁也？子生三年，然後免於父母之懷。夫三年之喪，天下之通喪也，予也有三年之愛於其父母乎？」[29]

禮的存在，總是為使秩序化社會可以恆久有效的運作（不論是終極維繫了人神的良好關係還是過程縮結了人際網絡於不墜）。如今權變而想減去它既定的節度，所得付出的代價就是即將看著社會秩序逐漸土崩瓦解而自己也快要無處安身。換句話說，既然可以如此減降禮等，那旁衍結果或許連其他制度都保不住現有規模，而從此得忍看整體人心（自己也無法倖免）流離失所，不知止歸。很明顯這僅

---

[28] 邢昺，《論語注疏》，頁 29。
[29] 邢昺，《論語注疏》，頁 157～158。

是圖一時快意而不關什麼「創造性破壞」；後者是要能保證產出新的東西[30]，而上述的省卻作法就只會徒添片面破壞惡名！可見這裏頭確有不能審度事件輕重緩急的缺憾，跟前列案例相比差異不啻霄壤。

四、發為系統內的歷史演繹

以輕重緩急為衡量準則，從道德光譜的正面端去尋找施力處，此一具有專利性的權變抉擇途徑，在經過一番理證和事證的合謀整救後，儼然已可以用來拓展君子氣節的歷史演繹。演繹本是一個由前提保障結論的抽象推論形式[31]，跟歷史相連後它就卯上時間流而成為一股有如能推動歷史演進的具體性力量。換句話說，如果將權變抉擇視為經，那麼輕重緩急衡量準則就是緯，而能貫串全程的無乃為歷史演繹。所以只要把握此項環節，相關權變課題想衍展為新道德範域，基本上是有足夠理由邀人來支持的。

假使大家嫌上面的理路太過纏繞，那換另一套說詞也許可以扭轉它所給出的朦朧印象。這簡單的說，就是從「君子守節的境遇考驗」到「權變一理繼出調節始能應付」到「止限在輕重緩急的抉擇間」一路論述下來，為的是要能「發為系統內的歷史演繹」，把結果推廣運用在歷史事件的索求應驗上。但已往的歷史早成過去式，只能選例加以簡別鑑定，即使刻意闕如也無妨，重要的是它對未來歷史所可以發揮的導引作用。因此，名為歷史演繹，實則也是演繹歷

---

[30] 參見霍布斯邦（Eric Hobsbawm）等，《被發明的傳統》（陳思仁譯），臺北：貓頭鷹出版社，2002 年；弗格森（Niall Ferguson），《文明：決定人類走向的六大殺手級 Apps》（黃煜文譯），臺北：聯經出版公司，2013 年；柏克曼（John Brockman）編著，《這個觀念該淘汰了：頂尖專家們認為會妨礙科學發展的理論》（章瑋譯），臺北：商周出版社，2016 年。

[31] 參見梭蒙，《邏輯》，頁 22～28。

史，彼此自成一體的兩面。

　　在這個議程中，還需要強化的地方，大概就屬輕重緩急本身的語意限定項目。前面只透過理證和事證將它帶出連著鋪陳，而尚未針對「怎樣的輕重緩急法」給過些許必要的說帖。現在就來作這樣的自我闡明：首先，「緩急」在本脈絡是把它當成「輕重」的同義詞。倘若它要獨立出去，那就看對象是否當務（不是當務的就不急而得緩）。其次，在為對象施加輕重緩急的研判時，更精確的說是要從中進行「兩害相權取其輕」或「兩利相權取其重」式的決斷，此外沒有可以在輕重間游走的模糊空間。再次，這裏的「害」就如字面意思而不必從新界說，只有「利」必須額外將它侷限在對世道人心有所助益的部分，而不關一般常見跟義對反的利那一貪取功名錢財愛欲狀態。

　　所能後設辯說張論的，就如上述。至於這一套加了猶如雙翼的權變抉擇準則（從此可以自在飛翔而方便出入詳審相關案例），能夠更有效藉它來從事歷史演繹工作，那就可喻不言了。例子如：

> 田常弒簡公，乃盟于國人，曰：「不盟者，死及家。」石他曰：「古之事君者，死其君之事。舍君以全親，非忠也；舍親以死君之事，非孝也；他則不能。然不盟，是殺吾親也；從人而盟，是背吾君也。嗚呼！生亂世，不得正行；劫乎暴人，不得全義，悲夫！」乃進盟，以免父母；退伏劍，以死其君。[32]

石他守義，自是德如君子；但他在緊要關頭卻兩害相權取其重而伏

---

[32] 韓嬰，《韓詩外傳》，頁 425。

劍死，難免有輕縱自己的嫌疑，畢竟表面上那是爲了「死其君之事」，實際上則是放棄他最該就近奉伺的雙親而去全無可對應的臣節（簡公已死不該再來索忠）。他的權變抉擇還有盟後隱退而盡心於孝養父母一途，卻如此盲從偏行信條選了不堪的舉動（全孝才是最優先）；否則人人但爲全忠而棄親於不顧，將會導致天下大亂，可見他智慮欠深的一斑。又如：

> 楚昭王有士曰石奢，其爲人也，公而好直，王使爲理。於是道有殺人者，石奢追之，則父也。還返於廷，曰：「殺人者，臣之父也，以父成政，非孝也；不行君法，非忠也；弛罪廢法，而伏其辜，臣之所守也。」遂伏鈇鑕，曰：「命在君。」君曰：「追而不及，庸有罪乎？子其治事矣。」石奢曰：「不然！不私其父，非孝也；不行君法，非忠也；以死罪生，不廉也。君欲赦之，上之惠也；臣不能失法，下之義也。」遂不去鈇鑕，刎頸而死乎廷。[33]

此例跟上例略有不同，當今學者曾將它解釋成國人在面對「份位原則」（關注在人際互動的關係網絡中，當事人在他份位上的絕對要求）和「行事原則」（所關切的是導源於行爲本身價值的絕對要求）的價值衝突時，常以「份位原則」的優先性作爲抉擇的依據，而試著爲石奢的死節開脫[34]。其實，石奢的自戕也是選項不精的結果（雖然他有忠於職事一義甚爲可感），因爲他仍有較合情合理的去仕一法可從；不然他所遺留的不克辦理親人後事（他老父還是會被抓回去

---

[33] 韓嬰，《韓詩外傳》，頁 390。
[34] 詳見沈清松編，《中國人的價值觀——人文學觀點》，臺北：桂冠圖書公司，1993 年，頁 1～25。

定罪處死）或僥倖仍有親人餘年可以奉養卻先卸責（他老父也許被關了幾年便假釋出獄），就會反過來向他討公道，很可能落了個半愚忠半不孝的非美名下場！

　　歷史演繹所能圓滿完成的，大抵都像上述這樣一旦取理就直接通達。而要據此衍為演繹歷史的，自然也可以依此類推而正告起世人「凡不能如是取徑的必定後患無窮」，從此亟盼一個理想道德社會的來臨。

五、中國傳統氣化觀型文化的權變課題自我保障

　　君子守節到了要權變階段，所能運用的資源不外就是上面所列種種，而這在中國傳統氣化觀型文化裏已是道理顯盡而略無餘韻了。如果還有不愜意所舉論的，那大概是在跟他系文化對比中所得「令其勝出」的價值估定待了。也就是說，搬演此番道理，無非是要顯示自我所屬文化系統在相對上的優著處；否則又何必多此一舉來等著他人尋隙胡亂明譏暗詆？

　　事實上，要數己文化和異文化的差異，僅就倫理態度各有訴求一點就足以區劃你我。它不只是從終極信仰下貫所顯示的理義分殊，也是在具體情境中隨處可見跡象的場景各別。縱使系統內仍會有量上的甚小不同，但論及質卻無從審定彼此的高下位階。好比底下的例子：

　　　葉公語孔子曰：「吾黨有直躬者，其父攘羊，而子證之。」孔
　　　子曰：「吾黨之直者異於是！父為子隱，子為父隱，直在其中

矣。」[35]

臧與穀二人，相與牧羊，而俱亡其羊。問臧奚事？則挾筴讀書。問穀奚事？則博塞以遊。二人者事業不同，其於亡羊均也。[36]

狂者東走，逐者亦東走；其東走則同，其所以東走之為則異。故曰同事之人不可不審察也。[37]

這分別代表儒家、道家和名家的倫理態度：一個重視行為的動機；一個重視行為的結果；一個兼察及行為的動機和結果，彼此各有為達縮結人情（要在事情的發端就提住心量）、方便逍遙（直等事情到終了才決定取捨）和循名責實（對上述二者的理論性仲裁）等取徑的不同。但不論如何，這都有別於西方創造觀型文化所常見的功利主義道路。後者在仰體上帝造物互有差異的旨意下，只從個人切身的利益著手規畫，然後才企望社會全體福份的增加；而不像中國傳統緣於團夥為生的前提，一開始就考量到人際關係網絡的實存性，而無所謂個體權益優先的悖理計慮。這如果再加上印度佛教所開啟緣起觀型文化一系，那麼我們又會發現它的解離觀念又要把大家帶到人我俱泯的另一境界。所謂「一切有皆歸於空；無我，無人，無壽，無命，無士，無夫，無形，無像，無男，無女……法法相亂，

---

[35] 邢昺，《論語注疏》，頁 118。

[36] 王先謙，《莊子集解》，新編諸子集成本，臺北：世界書局，1978 年，頁 55。

[37] 王先慎，《韓非子集解》，新編諸子集成本，臺北：世界書局，1978 年，頁 135 引惠施語。

法法自定」[38]、「觀父母所生之身，猶彼十方虛空之中吹一微塵，若存若亡；如湛巨海流一浮漚，起滅無從」[39]和「一切諸法，悉皆空寂，此名空解脫門……涅槃先道，當如是學」[40]等，無不意示著擺脫各種網羅以進入涅槃寂靜境地，乃人生最終的歸趨。可見三系文化實有著不可共量的道德命題，不是隨便倡議「相涵化」或「溝通交流」的人所能輕易改變。

　　身為一個有識之士對於這種現象越有體認後，應當越無法諒解百年來國人將自我文化棄如敝屣的作為，那不但挺不住自己的道德主體，而且還很容易掉入別人所為我們設計的陷阱。比如說西方人普遍以為只要你做得到的事就是對的（像跟銀行貸到巨款而無所愧怍之類）；而他們輾轉發展出來的資本主義也毫不留情的把競爭對手徹底加以摧毀。這種只在意自己得利和成功的行徑，原是中土社會所忌諱的，但現今在對方的殖民征服中卻已宛如被水銀瀉地般無孔不入我們生活的各層面，幾乎人人都被迫或被感染以追求最大經濟效益為標的。殊不知這已嚴重遭到套牢（被收編為人家經濟鏈的一環），以及大意參與了耗用地球有限資源的行列（西方人因為相信死後有天國可以去，所以不在意塵世深受踐躪剝削；但非西方世界中人卻還要在地球長久居住，而不能沒有上述的警覺），再不回頭恐怕就要同歸於盡了（西方人是否真有天國可寄身還不確定，而他們的行徑卻已緊相將大家帶往能趨疲而終至滅絕的末路）[41]！

---

[38] 瞿曇僧伽提婆譯，《增壹阿含經》，《大正藏》卷 2，臺北：新文豐出版公司，1974年，頁 630 中。
[39] 子璿集，《楞嚴經》，《大正藏》卷 39，臺北：新文豐出版公司，1974 年，頁 872 上。
[40] 日稱等譯，《父子合集經》，《大正藏》卷 11，臺北：新文豐出版公司，1974 年，頁 966 下。
[41] 參見周慶華，《走上學術這條不歸路》，新北：生智文化公司，2016 年，頁 50～52。

　　順著這個理路，已經可以覷見攸關君子守節所要歷經境遇考驗終究有此一特別警策的權變課題，乃由中國傳統氣化觀型文化在內蘊精神中自我保障了（不必別為借鏡）。此地的翻檢尋繹，只是針對它不宜繼續沈晦而予以深情的召喚罷了。但願如此始終為世人所欠缺的有度式君子氣節能夠重現彰明於天下，精采濟助有情而脫離生命的坎陷苦厄！

第八章　君子在表現系統的雅緻身分塑造：
　　　　中國傳統氣化觀型文化的渡世承擔

一、才藝美化為君子的另一進趨

　　作爲深具義禮孫信等質性且又能上契仁者聖人的君子形象，已經給中國傳統氣化觀型文化塑造了一個可以並世顯異的人格典範。倘若還有不足或盡稱至高境地的，那大概就是尙缺才藝的添加美化了。才藝一向被視爲是「粉飾乾坤」的最佳或最終途徑[1]，而作爲一個以德行取勝的君子如果也有此項涵養，那麼他的文質彬彬格調鐵定可以更臻上境而被大家所讚嘆仰止不輟。

　　當年孔子在給君子型範作定位時，縱使也曾提及「君子不器」、「君子博學於文，約之以禮」和「君子無所爭，必也射乎」等連帶才藝的增價課題[2]，但大體上還是以相關必備的德行爲主。只不過君子所顯現文質彬彬特性（內質義合外飾禮孫信等）中的外飾部分可以增衍，以至爲它保留才藝項也就理所當然，而毋庸會引發諸如違義或僭理的疑難[3]。也因此，孔子所自道的「吾不試，故藝」和刪詩

---

[1] 詳見張潮，《幽夢影》（周慶華導讀），臺北：金楓出版社，1990 年，頁 106；俞劍華編，《中國畫論叢編》，臺北：華正書局，1984 年，頁 659。

[2] 詳見邢昺，《論語注疏》，十三經注疏本，臺北：藝文印書館，1982 年，頁 18、55、26。

[3] 現實中有名爲才子卻多素行欠正而頗見牴觸君子形象的（如史書所載「崔顥者，登進士第，有才俊，無士行，好蒱博飲酒。及遊京師，娶妻擇有貌者，稍不愜意，即去之，前後數四」、「王昌齡者，進士登第……不護細行，屢見貶斥……昌齡爲文，緒微而思清。有集五卷」和「溫庭筠者……大中初，應進士。苦心硯席，尤長於詩賦……然士行塵雜，不修邊幅……公卿家無賴子弟裴諴、令狐縞之徒，相與蒱飲，酣醉終日，由是累年不第」等就是〔詳見劉昫等，《舊唐書》，臺北：鼎文書局，1979 年，頁 2049～2050、5050、5078～5079〕），這很可能會被引來質疑君子外飾才藝的正當性。但又不然！此地是要先確定爲君子後才增添才藝以成高

訂樂如「吾自衛反魯，然後樂正，雅頌各得其所」等演繹[4]，在對照他力主的君子德能上才有了合理性。換句話說，詩樂等才藝具有美化君子形象的功能，所以必要另作連結以強顯君子的另一進趨（有別於純德行的上契仁者聖人那種進趨）。這在理論的建樹上，不啻完成了一件可「筆補造化」（粉飾乾坤的類同版）的重要事。

　　君子的這種進趨，從理想層面來看，那是美善兼具該一最高境界的體現，吸引力十足[5]。而從現實面來看，則又已有某些難可移易的理則在誘人信從。如：

> 子之武城，聞絃歌之聲，夫子莞爾而笑，曰：「割雞焉用牛刀？」子游對曰：「昔者，偃也聞諸夫子曰『君子學道則愛人，小人學道則易使也』。」子曰：「二三子！偃之言是也。前言戲之耳！」[6]

這意味著有了才藝就多一項本事可以自我慰藉和被人稱道（反過來則榮耀不及他人，還可能因此而妨礙到志向的伸展），以至在試煉有成後相關君子德行本身也會跟著水漲船高。又如：

> 子在陳曰：「歸與！歸與！吾黨之小子狂簡，斐然成章，不知

格，跟那些純具才藝而短少君子修養的人士大不相同，彼此毋須混為一談。

[4] 詳見邢昺，《論語注疏》，頁 78、79～80。

[5] 德行屬於善的範圍，才藝屬於美的範圍，二者合一必然比單項價值自存要有可觀。正如《論語》所記載的「子謂韶『盡美矣，又盡善也』；謂武『盡美矣，未盡善也』」（邢昺，《論語注疏》，頁 32），舞樂都有價位合偏的差別，人的美善兼具與否自然也要判分高下。

[6] 邢昺，《論語注疏》，頁 154。

所以裁之！」[7]

這徵候著君子但知守本分或踐履單純的德行而沒有才藝來佐助高華（相互鎔鑄裁成），那偏調的缺憾很快就會湧現布心，而變成一個日夜縈繫不去的懸念，於是藉才藝來融裁更富文雅的君子德能也就不可或缺了。又如：

> 南宮适問於孔子曰：「羿善射，奡盪舟，俱不得其死然。禹稷躬稼而有天下。」南宮适出，子曰：「君子哉若人！尚德哉若人！」[8]

這暗示著才藝給君子美化增價後還可以回返激勵那些「有才無德」的人從新調性修道；否則像羿奡那樣光有才藝卻難保不遭人唾棄而最後沒得好死！以上這些理則（已明著於案例中），顯然是君子此一進趨的累量支持者，不太容易從旁將它們抽離。

二、在文化的表現系統作定位

藉才藝美化自我為君子的另一進趨，為了更能明白此中轉折的關節以及掌握它的所由來，有必要從文化的表現系統給予終極性的定位。就人所能體驗或察覺的知識、規範和審美等經驗來說，已知可劃分出真假、善惡和美醜等研判方式。雖然它們能夠各行其是而無礙經驗的類型分殊，但在內質上彼此仍然有可互通的地方。也就

---

[7] 邢昺，《論語注疏》，頁 45。

[8] 邢昺，《論語注疏》，頁 123。

是說，規範和審美的體現除了可以相涉顯價（如善而美／美而善或惡而醜／醜而惡之類），還能被尋繹出理則而予以知識化（有真假可比擬的美善道理）；同樣的，知識一旦確立後，也會受到美善或醜惡心理的迎拒，而暗中不由自主的規範化或審美化起來[9]。因此，前面所說的君子以才藝增價而使美善合一本身，就是一個善中有美或美中有善的質涉表徵（不一定要當它是兩兩別異的條件相加）。至於它內蘊的理則，那就看後設知識經驗可以為該互通性掀揭或透露幾分；而這特別有效率的對待方式，就是讓深具統攝作用的文化架構進駐來加以提領顯明[10]。

縱是如此，文化此一概念早已是言人人殊的對象，不先作點辨析的工作，肯定難以被本脈絡所襲用。首先，關於文化的詞源及其所衍生的播散效應，在古今中外學者的論述裏歧異性甚大，仲裁費事，僅能約略條理出這樣的取向：就中文來說，文化一詞所可考的是從《周易》賁卦彖辭「觀乎天文以察時變，關乎人文以化成天下」[11]截取而來，有人治教化的意思；而《周易》後《說苑・指武》所說的「凡武之興，為不服也；文化不改，然後加誅」[12]和王融〈三月三日曲水詩序〉所說的「設神理以景俗，敷文化以柔遠」[13]以及束

---

[9] 參見周慶華，《身體權力學》，臺北：弘智文化公司，2005 年；《走訪哲學後花園》，臺北：三民書局，2007 年；《語文教學方法》，臺北：里仁書局，2007 年。

[10] 這是說倘若嫌知識／規範／審美等經驗的劃分略顯含混性，那麼換成文化概念且予以細分次系統後，就比較方便看出各項經驗的所屬（也就是知識／規範／審美等經驗可以體現於文化各次系統；而文化各次系統也得透過知識／規範／審美等經驗的內蘊成就彼此緊相關連著）。這時就緣於文化架構的介入，使得相關的解說力徒地大增，而自成一種典範。參見周慶華，《靈異學》，臺北：洪葉文化公司，2006 年；《語文符號學》，上海：東方出版中心，2011 年；《華語文文化教學》，新北：揚智文化公司，2012 年。

[11] 孔穎達等，《周易正義》，十三經注疏本，臺北：藝文印書館，1982 年，頁 62。

[12] 劉向，《說苑》，增訂漢魏叢書本，臺北：大化書局，1988 年，頁 1913。

[13] 李善等，《增補六臣注文選》，臺北：華正書局，1979 年，頁 866。

晳〈補亡〉詩所說的「文化內輯，武功外悠」[14]等，也都是同一個指意。顯然這跟當代來自西方已經具有統稱人類創造表現的文化觀念有所不同。以英文來說，文化的動詞 culture，源於動字 colere，原為耕耘種植的意思，相傳是西塞羅（Cicero）率先使用它；也有居住的意思；還有維持、照管、保護、行禮和尊重的意思。而文化的名詞 cultura，也是西塞羅開始使用，有耕耘、栽培和修理農作物的意思。後來西塞羅又寓意的使用它為理智和道德的修習；並有注意、授課和禮敬的意思[15]。1971 年，泰勒（Sir E.B.Tylor）從新為文化下定義，說文化是一種複雜叢結的全體；這種複雜叢結的全體，包括知識、信仰、藝術、法律、道德和風俗，以及任何其他的人所獲得的才能和習慣等[16]。從此為西方樹立了一個新概念的里程碑，吸引許多人前來討論發揮；但也因此文化的「新生」概念，就在越被討論發揮中越顯歧義[17]。以至大家得把文化視為「是一個複雜的且尚處爭議中的詞彙，因為文化的概念並非再現一個獨立於客體世界的實體。相反地，文化最好理解為一個流動的符徵，這個符徵可以為人類的活動產生特定的和多元的論述方式，因為人類活動的目的極多元。也就是說，文化的概念是一項工具，讓我們用以作為一種生活形式來說，這個工具或多或少具有用處，而且它的用途和意義也持續地在改變中，正如思想家們希望能在文化的概念中去『探討』出不同的事物」[18]，此外似乎就沒有可以再予致思的餘地了。

---

[14] 李善等，《增補六臣注文選》，頁 355。

[15] 參見趙雅博，《中西文化的新出路》，臺北：臺灣商務印書館，1975 年，頁 3。

[16] 參見殷海光，《中國文化的展望》，臺北：活泉書店，1979 年，頁 31。

[17] 詳見簡克斯（Chris Jenks），《文化》（俞智敏等譯），臺北：巨流圖書公司，1998 年；巴克（Chris Barker），《文化研究——理論與實踐》（羅世宏譯），臺北：五南圖書出版公司，2004 年；李威斯（Jeff Lewis），《文化研究的基礎》（邱誌勇等譯），臺北：韋伯文化國際出版公司，2005 年。

[18] 巴克，《文化研究——理論與實踐》，頁 62。

其次，所謂「沒有可以再予致思的餘地」，其實也不然！文化仍是一個「人在限定」的概念，只要限定本身沒有自我矛盾、不相干和循環論證等「沒說什麼」的情況，基本上就擁有「合法性」（至於「合理性」，則要看它可被接受度而定），而都可以進駐「定義文化」的行列去被議論。因此，如果我們不滿意先前那些文化定義而要再別取另一種文化定義，也是使得的。而這在本脈絡所考慮的，乃基於「布局」的需要，文化得將它從「旨趣不定」的情境中轉向限定它的用法，而依然保有它不可被取代的可期待值的「作為一個最高精神的滲透實力」[19]。這個限定，不採「文化是整體的生活方式」[20] 這類較寬泛的說詞，而是把它當作是人類展現創造力的歷程和結果的整體（而有別於純天然的存在狀態）。如有一個由比利時學者賴醉葉（Jean Ladrière）所提出和臺灣學者沈清松所增補的文化定義所說的：

> 文化是一個歷史性的生活團體（也就是其成員在時間中共同成長發展的團體）表現其創造力的歷程和結果的整體，當中包含了終極信仰、觀念系統、規範系統、表現系統和行動系統。[21]

這經過我個人多方的評估，遠比其他的文化定義要有「可操作」性而可以優先採納（在這種有得「援用」的情況下，也就不必再從新

---

[19] 參見周慶華，《反全球化的新語境》，臺北：秀威資訊科技公司，2010 年，頁 65。
[20] 巴克，《文化研究——理論與實踐》，頁 97。
[21] 沈清松，《解除世界魔咒——科技對文化的衝擊與展望》，臺北：時報文化出版公司，1986 年，頁 24。

界定）。而該整體所包含的五個次系統，則爲終極信仰是指一個歷史性的生活團體的成員由於對人生和世界的究竟意義的終極關懷而將自己的生命所投向的最後根基；如希伯來民族和基督教的終極信仰是投向一個有位格的造物主，而漢民族所認定的天、天帝、天神、道、理等等也表現了漢民族的終極信仰。觀念系統是指一個歷史性的生活團體的成員認識自己和世界的方式，並由此而產生一套認知體系和一套延續並發展他們的認知體系的方法；如神話、傳說以及各種程度的知識和各種哲學思想等都是屬於觀念系統，而科學以作爲一種精神、方法和研究成果來說也都是屬於觀念系統的構成因素。規範系統是指一個歷史性的生活團體的成員依據他們的終極信仰和自己對自身及對世界的了解而制定的一套行爲規範，並依據這些規範而產生一套行爲模式；如倫理、道德（及宗教儀軌）等等。表現系統是指一個歷史性的生活團體的成員用一種感性的方式來表現他們的終極信仰、觀念系統和規範系統等，因而產生了各種文學和藝術作品。行動系統是指一個歷史性的生活團體的成員對於自然和人羣所採取的開發和管理的全套辦法；如自然技術（開發自然、控制自然和利用自然等的技術）和管理技術（就是社會技術或社會工程，當中包含政治、經濟和社會等三部分：政治涉及權力的構成和分配；經濟涉及生產財和消費財的製造和分配；社會涉及羣體的整合、發展和變遷以及社會福利等問題）等[22]。

　　再次，上述的設定並不是沒有問題。如（順著所援引論者的說詞來看）五個次系統既分立又有交涉，要將它們並排卻又嫌彼此略存先後順序，總是不十分容易予以定位；又如表現系統所要表達的除了終極信仰、觀念系統和規範系統等等，此外當還有呈現它自身，

---

[22] 沈清松，《解除世界魔咒——科技對文化的衝擊與展望》，頁 24～29。

也就是由技巧安排所形成的一種美感特色，而這都在一個「表現」
（將終極信仰、觀念系統和規範系統現出表面來或表達出來）概念
下被抹煞或被擱置了[23]。雖然如此，這個設定所涵蓋的五個次系統
作為一個解釋所需的概念架構，卻有相當的實用性，所以這裏也就
不捨得放棄了。而從相對的立場來說，這比常被提及或被引用的另
一種包含理念層、制度層和器物層等的文化設定[24]或包含精神面和
物質面等的文化設定[25]，更能說明文化世界的內在機能和運作情
況。而它跟不專門標榜「物質進步主義」意義下的文明概念[26]，是
相通的。也就是說，文化和一般廣義的文明沒有分別，彼此可以變
換為用。而這倘若真要勉為理出一個規制化的系統來，那麼從新把
這五個次系統整編一下，它們彼此就暫且可以形成一個有先後次序
和橫向聯繫的關係圖：

[23] 參見周慶華，《語言文化學》，臺北：生智文化公司，1997 年，頁 74～75。

[24] 詳見汪淇，《文化與傳播》，臺北：三民書局，1984 年；傅佩榮，《我看哲學——心靈世界的開拓》，臺北：業強出版社，1989 年；李宗桂，《文化批判與文化重構——中國文化出路探討》，西安：陝西人民出版社，1992 年。

[25] 詳見史美舍（Neil J. Smelser），《社會學》（陳光中等譯），臺北：桂冠圖書公司，1991 年；黃文山，《文化學體系》，臺北：中華書局，1986 年；邵玉銘編，《理念與實踐——當前國內文化發展之檢討與展望研討會論文集》，臺北：聯經出版公司，1994 年。

[26] 詳見湯恩比（Arnold J. Toynbee），《歷史研究》（陳曉林譯），臺北：桂冠圖書公司，1984 年；史賓格勒（Oswald Spengler），《西方的沒落》（陳曉林譯），臺北：桂冠圖書公司，1985 年；杭亭頓（Samuel P. Huntington），《文明的衝突與世界秩序的重建》（黃裕美譯），臺北：聯經出版公司，1997 年。

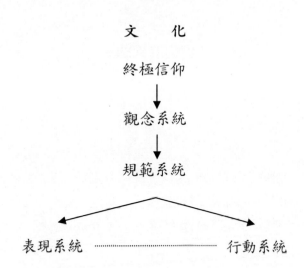

當中終極信仰是最優位的，它塑造出了觀念系統，而觀念系統再衍化出了規範系統；至於表現系統和行動系統，則分別上承規範系統／觀念系統／終極信仰等（按：表現系統和行動系統之間並無「誰承誰」的情況；但它們可以互通〔所以用虛線來連接〕。如「政治可以藝術化」而「文學也會受政治／經濟／社會影響之類」）。這看來就「眉目清晰」多了；而隨後所要據以為論述相關的課題，也因為它「已經就序」而不難一一取得對應[27]。

　　顯然才藝美化是在文化的表現系統位置，它所該上承規範系統／觀念系統／終極信仰等以顯身價的被塑性已無所逃避，而它所得橫向通到行動系統自加渡世承擔也勢不可免了（否則就不知道它的如如存在具有什麼意義）。換句話說，君子德行在規範系統被據理定型後，本就要進入行動系統在政治／經濟／社會等層面施展所能；如今再增飾比照表現系統的才藝身段，該涉世行動不就要更顯如虎添翼了才對？

---

[27] 參見周慶華，《文化治療》，臺北：五南圖書出版公司，2012 年，頁 84～88。

三、承上實際演出審美性格的樣態

可見才藝美化爲君子的另一進趨不是沒有來由的，它在文化創造展演上已經被制約而有了一定的位階（也就是我們很難想像或准許此一進趨去「獨立搬演」或「自生自滅」）。倘若有君子不願這般「折騰」費事而退居初階謹守德業就好，那麼他除了要被總認定爲帶有前面所說的「不知所以裁之」或不能盡善盡美的格調缺憾，還得面對一個很現實的能力短絀而難以自處的問題：

> 陳亢問於伯魚曰：「子亦有異聞乎？」對曰：「未也。嘗獨立，鯉趨而過庭。曰：『學詩乎？』對曰：『未也。』『不學詩，無以言！』鯉退而學詩……」[28]

> 子謂伯魚曰：「女爲周南召南矣乎？人而不爲周南召南，其猶正牆面而立也與！」[29]

> 子曰：「小子！何莫學夫詩？詩，可以興，可以觀，可以羣，可以怨；邇之事父，遠之事君；多識於鳥獸草木之名。」[30]

光缺少一項詩藝就得如此狼狽面世（也就是開不了口說話、看不到前面的東西和無能興觀羣怨等）[31]，那再不懂音樂或短備射御等技

28　邢昺，《論語注疏》，頁 150。
29　邢昺，《論語注疏》，頁 156。
30　邢昺，《論語注疏》，頁 156。
31　歷來有所謂「詩爲禪客添花錦」和「人生有三恨：一恨鰣魚多刺；二恨海棠花

能，恐怕就得另外忍受別人輕視的眼光了[32]。

　　既然君子不便省去才藝晉身，那麼再爲他所承上演出審美性格的樣態加以彰明條陳，也就有「不能已於所論取」的意義和價值肯認了。這是說君子自備才藝所實際演出的審美性格總得有特定樣態可依恃，才不致任由遷延而漫無止歸化。事實上，從該才藝已上承規範系統／觀念系統／終極信仰等來看，那要歧出表現就得跨出界域，而跨出界域則不再是本系文化所準則崇尚，自然也跟君子德行自動脫鉤而得別爲尋覓其他合演對象了。因此，另立一節來論斷此中關隘，很明顯是有所說必要「承上啓下」的在理作法。而這不妨先就現有各種審美性格略予鋪展，以便後面的取則有據而不徒託空言。

　　所謂審美性格，是指可爲審度美感的性徵格調。它乃以快悅和耽玩的心理反應爲核心，而旁及相關對象的巧飾特性的審定[33]。這在極致化的文學表現方面，所體現的如藝術般的額外加工（應該說藝術在仿效文學以意象或事件間接表意的方式），就是爲了給人帶來審美的機趣。而大體上，審美的機趣對人來說理當是永遠不會斷絕需求的，它所要滿足人的情緒的安撫、紓解、甚或激勵等，已經沒有別的更好的途徑可藉以達成[34]。雖然如此，有關審美的內涵卻會

無香；三恨曾恐不會寫詩」等說法，可以正反面印證此說。詳見周慶華，《臺灣文學與「臺灣文學」》，臺北：生智文化公司，1997年，頁180～198；詹丹，《紅樓情榜》，臺北：時報文化出版公司，2004年，頁10。

[32] 《論語》另載有「興於詩，立於禮，成於樂」立身語和孔子自詡射御本領等（詳見邢昺，《論語注疏》，頁71、77），可以參看。

[33] 參見康德（Immanuel Kant），《判斷力批判》（宗白華等譯），臺北：滄浪出版社，1986年；丹納（Hippolyte-Adolphe Taine），《藝術哲學》（傅雷譯），臺中：好讀出版公司，2004年；劉昌元，《西方美學導論》，臺北：聯經出版公司，1987年；張法，《美學導論》，臺北：五南圖書出版公司，2004年。

[34] 參見周慶華，《語文教學方法》，頁249。

因為古來眾人所規模的不盡一致，使得後續的討論必須重作限定才好部署論列。

關於這一點，基於論說的方便，姑且以文學到網路時代為止所被模塑出來的優美、崇高、悲壯、滑稽、怪誕、諧擬、拼貼、多向和互動等九大美感類型作為審美的範圍。如圖所示：

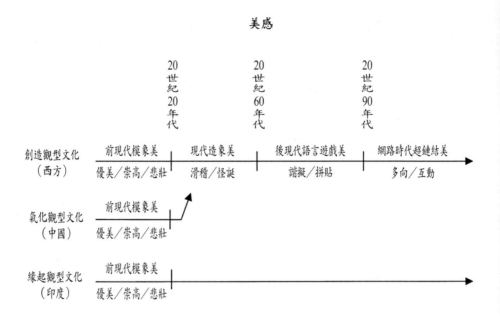

當中優美，指形式的結構和諧、圓滿，可以使人產生純淨的快感；崇高，指形式的結構龐大、變化劇烈，可以使人的情緒振奮高揚；悲壯，指形式的結構包含有正面或英雄性格的人物遭到不應有卻又無法擺脫的失敗、死亡或痛苦，可以激起人的憐憫和恐懼等情緒；滑稽，指形式的結構含有違背常理或矛盾衝突的事物，可以引起人的喜悅和發笑；怪誕，指形式的結構盡是異質性事物的並置，可以使人產生荒誕不經、光怪陸離的感覺；諧擬，指形式的結構顯現出

諧趣模擬的特色，讓人感覺到顛倒錯亂；拼貼，指形式的結構在於表露高度拼湊異質材料的本事，讓人有如置身在「歧路花園」裏；多向，指形式的結構鏈結著文字、圖形、聲音、影像和動畫等多種媒體，可以引發人無盡的延異情思；互動，指形式的結構留有接受者呼應、省思和批判的空間，可以引發人參與寫作的樂趣。這不論彼此之間是否有衝突（按：在模象美中偶爾也可以見到滑稽和怪誕，但總不及在造象美中所體驗到的那麼強烈和凸出；同樣的，在造象美中偶爾也可以見到諧擬和拼貼，但也總不及在語言遊戲美中所感受到的那麼鮮明和另類），都可以讓我們得到一個架構來權衡去取[35]。而由於美感特徵多樣化，不能一概含混論列，從而使得文學的審美也要有類型系聯上的差別。

這種差別，自有文學本身特性方面的要求[36]，此地非關重點自然不及細論；所要強調的是從現代派以後，都是一向為媲美上帝風釆的創造觀型文化一系所疊代新創的。至於氣化觀型文化一系，從二十世紀初以來就幾近停頓而轉向西方取經，自此沒了原有面目；而緣起觀型文化一系的相關表現本就不積極（但以解脫為務而不事華釆雕蔚），也無心他顧，所以縱是略顯素樸卻也還能維持一貫的格調（即使如此，三系的前現代審美觀仍然各有質距，只是不便在這裏進一步詳論了）[37]。

現在回到本脈絡所要貞定君子才藝加被的審美性格，它的樣態自是自我所屬氣化觀型文化先前所概見的，但因為君子的正面人格形象限定了審美性格的向度，以至只會在優美和崇高二端位移；尤

---

[35] 參見周慶華，《文學經理學》，臺北：五南圖書出版公司，2016年，頁145～146。
[36] 參見周慶華，《文學概論》，新北：揚智文化公司，2011年，頁65～66；《走出新詩銅像國》，臺北：華志文化公司，2019年，頁50～97。
[37] 參見周慶華，《文學經理學》，頁165～170、279～286。

其是優美的諧和性更爲君子所得搶先崇尚，因而完成一個加值型的文質彬彬德才兼備型範。

四、從此塑造一可為旁衍典範的雅緻身分

　　在文化的表現系統作定位而使才藝美化爲君子另一進趨顯現出優美的樣態，正是緣於有這一必要增添的本事，所以君子因此就自我塑造也被文化塑造成了一個可爲旁衍典範的雅緻身分。這個身分在孔子率先予以發露時，由於已有得具詩樂射御等才藝的前提（見前），以至在相關君子異稟的點撥中自然就表徵無遺了：

　　　　子曰：「君子周而不比，小人比而不周。」[38]

　　　　子曰：「君子不憂不懼。」[39]

　　　　子曰：「君子成人之美，不成人之惡；小人反是。」[40]

　　　　子曰：「君子和而不同，小人同而不和。」[41]

　　　　子曰：「君子泰而不驕，小人驕而不泰。」[42]

[38] 邢昺，《論語注疏》，頁18。
[39] 邢昺，《論語注疏》，頁106。
[40] 邢昺，《論語注疏》，頁109。
[41] 邢昺，《論語注疏》，頁128。
[42] 邢昺，《論語注疏》，頁128。

> 子曰：「君子矜而不爭，羣而不黨。」[43]

所謂「周而不比」、「不憂不懼」、「成人之美」、「和而不同」、「泰而不驕」、「矜而不爭，羣而不黨」等等，說的就是該雅緻身分所體現的不俗風範。而此風範牢固強鑄的那一股雍容華蔚質性，顯然已經超出君子本具的義禮孫信等德行許多，而可以深許爲最新君子形象。

君子所經由才藝美化而別具的雅緻身分，在相當程度上可爲旁衍典範來給自我文化的整體表現無限增價，而這無妨透過跟西方創造觀型文化一系所見的情況作對比。此地爲了方便論列，乃以具體舉例方式進行陳述。起始點是有一項涉及關係「人情冷暖」的金錢贊助或借貸行爲，在中國社會爲常態，但在西方社會則極爲罕見：

> 雨村因乾過，嘆道：「非晚生酒後狂言，若論時尚之學，晚生也或可去充數沽名；只是目今行囊路費一概無著，神京路遠，非賴賣字撰文即能到者。」士隱不待說完，便道：「兄何不早言……兄宜作速入都，春闈一戰，方不負兄之所學也。其盤費餘事，弟自代為處置，亦不枉兄之謬識矣！」當下既命小童進去，速封五十兩白銀，並兩套冬衣。[44]

> 約翰：「我求你一件事，你能替我保密嗎？」
> 大衛：「當然可以。」
> 約翰：「近來我手頭有點緊，你能借我些錢嗎？」

43　邢昺，《論語注疏》，頁 140。
44　馮其庸等，《紅樓夢校注》，臺北：里仁書局，2000 年，頁 10〜11。

　　大衛：「不必擔心，我就當沒聽見。」[45]

後者當事人一個不敢「直說」困窘而一個「回拒」不留情面，簡直是「冰冷到不行」！相對的，前者在《紅樓夢》裏甄士隱一開始財施於賈雨村的情況，幾乎看不到有絲毫的吝惜。爲何像這種深富人情味的主動贊助事可以在東方社會裏見著（它不只出現在小說裏，現實中也很常見）？這點從語用符號學的角度看，問題就很清楚了：前者是緣於創造觀型文化傳統的「受造」意識（使得每一個體必須爭氣以仰體上帝造人的美意而難以啓齒「求助於他人」以及大可減卻「救渡的善舉」）；而後者是緣於氣化觀型文化傳統的「縮結人情」心理（朋友倫常僅次於親戚有「相助之義」而必須如數表現才能體現精氣化生的真義），彼此各轡異趣。縱是如此，我們還可以再問：西方人信仰上帝不是很講究「愛人」的麼，又爲何會在這個環節上「觸處矛盾」？原來西方人仰體上帝造人的美意而仿效起上帝愛祂所造子民那樣來愛同類僅是個幌子，他們只有愛上帝才能獲致「得救」的保障[46]。而這一愛上帝的表相底下所蘊涵的爲得到救贖的信念，就是整個西方文化所以會橫掃全世界而禍害無窮的根源。倘若要追溯這段歷史，那麼就可以從關鍵性的基督教獨立自希伯來宗教（猶太教）爲廣招徠信徒而新加入「原罪」的觀念談起：因爲「原罪」教條的強爲訂定，所以導致必須尋求救贖（以便重返天堂）而出現明顯的「塵世急迫感」。這種急迫感的「積重難返」，就是到了十六世紀宗教改革後新教徒（並一起「刺激」帶動舊教徒）的相關反應的「逾量」表現：新教徒脫離天主教教會後強調的「因信稱義」觀念，逐漸演變成要以在塵世累積財富和創造發明（包含哲學、科

---

[45]　張法，《美學導論》，臺北：五南圖書出版公司，2004 年，頁 136 引。
[46]參見周慶華，《新時代的宗教》，臺北：揚智文化公司，1999 年，頁 192～194。

學、文學、藝術等等建樹翻新）來榮耀上帝或當作特能仰體上帝造人「賜給他無窮潛能」的旨意而不免會躁急蹙迫；尤其在資本主義和殖民主義隨著矯為成形後，更見這種「過度的煩憂」。影響所及，則是殖民災難四處蔓延（過去靠軍事殖民，現在則藉政治、經濟和科技等優勢殖民，不斷在力逞文化凌駕），以及耗能而造成資源枯竭、生態失衡、環境汙染、臭氧層破洞、溫室效應和核武恐怖等後遺症無法解決[47]。反觀中國傳統氣化觀型文化所內蘊的縉諧式倫理就不可能衍發出西方這般戡天役物和殖民征服等雙重災禍。而由此可知，該起始點所對比出的「人情冷暖」在中西社會中的迥異現象，全緣於各自不同的終極信仰／世界觀／倫理規範等，彼此無可通約，也難以互換。這落實到前述的文化架構圖上，則可以分別形現如下：

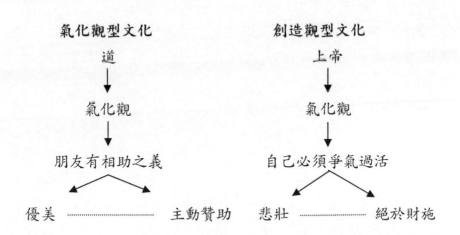

[47]參見周慶華，〈應然義 VS.實然利──中國傳統氣化觀型文化的一個揮擊點〉，刊於《孔孟月刊》第 56 卷第 3、4 期，2017 年，頁 52～53。

圖中所加入相關的生活美學型態，在中國因朋友相助顯現人倫的和諧而屬於優美（兼帶有崇高性）；而在西方則因朋友未相助顯現人倫的欠缺和諧而屬於悲壯[48]。很明顯君子的才藝美化一理必定相契於自我所屬優美此類美感經驗，而爲他系文化中人所難以企及（包括緣起觀型文化中人無這種德才要求在內），在往後的救渡濟世承擔上特別能够優先予以寄望。

五、中國傳統氣化觀型文化的渡世承擔靠它來終極保證

所謂「在往後的救渡濟世承擔上特別能够優先予以寄望」，這是依君子德才兼具後勢必要再進入行動系統去政治／經濟／社會等層面施展所能（見前）連貫而說實的。本來在孔子率先爲君子的上契仁者聖人所指出的「向上一路」時，已形同是爲君子的入世情懷安好了位階，只要君子肯實地去推己及人或博施濟眾，就完成了他高格化的使命[49]。只不過此地還得促成他先經由對治相關西化遺禍的作爲後才顯能，而使得所歸結出的君子雅緻身分塑造要在一番貞定中從新被看見且給予十分的重視。

大家知道，西方人在美才方面的表現所體現於文學藝術的，已經從前現代模象美幾經異動而向現代造象美／後現代語言遊戲美／網路時代超鏈結美等新變途徑極速奔去[50]；但那內裏所包藏的複利

---

[48] 參見周慶華，《華語文文化教學》，頁 161～165。

[49] 參見周慶華，〈郁郁乎文君子 VS.鄙野小人——中國傳統氣化觀型文化的一個爭勝點〉，刊於《孔孟月刊》第 55 卷第 9、10 期，2017 年，頁 2～3。

[50] 詳見蓋伊（Peter Gay），《現代主義：異端的誘惑》（梁永安譯），新北：立緒文化公司，2009 年；艾爾扎維克（Aleš Erjavec），《後現代主義的鐮刀：晚期社會主義的藝術文化》（楊佩芸譯），臺北：典藏藝術家庭公司，2009 年；考斯基馬（Raine Koskimaa），《數字文學：從文本到超文本及其超越》（單小曦等譯），桂林：廣西

思維和唯我獨尊意識等，卻是一逕依循資本主義的運作邏輯和殖民主義的凌駕企圖[51]，所能集中涵養於個體或集體的美感修為顯然都反流露出了醜惡的面貌。無奈國人始終不察，直把自我原作專擅的美感特徵拋捨棄置而傾心追躡對方的成就，希冀能够討得影附的榮光！

　　對於這個錯接式的理路，如果回到西方文化的整體徵象來看，國人當是忽略了那裏頭所顯示的兩個面向：一個是貶低個人的創造精神，並且將自身發揚光大的希望寄託於羣眾集體和民族的創造力（如資本主義工業體系的集中化或列寧式的極權）；一個是跟集體主義相抗衡的作為一種哲學思考的個人主義。前者會授予國家以一種特權的地位；後者則顯現出對特殊人物或超人或上帝選民的崇拜[52]。這都有不可共量的特殊因緣在制約著，很難易地重演。但不料自從鴉片戰爭以來，一連串的戰事失利，使得國人對自我文化的信心大為潰決，轉而全力擁抱對方而妄想圖存。只是當中的難度很少有人去正視，導致前者僅僅學到皮毛；而後者則根本沒有機會契入。原因就在人家有個萬能的神在誘引，誰都可以尋隙去發展超常的本事，終而榮耀或媲美了他們所信仰的上帝；而我們大多卻只會關起門來鬥力消磨志氣（特指後來海峽兩岸所引入消化不及的民主主義和社會主義內情），渾然不知自我所屬傳統向來也有高華道德和卓犖才情的一面。

師範大學出版社，2011 年。
[51] 詳見索羅斯比（David Throsby），《文化經濟學》（張維倫等譯），臺北：典藏藝術家庭公司，2003 年；龐登（Dick Pountain）等，《酷派當家》（李佳純譯），臺北：商周出版社，2005 年；科文（Tyler Cowen），《達蜜經濟學》（陳正芬譯），臺北：經濟新潮社，2010 年。
[52] 詳見戴爾瑪（Claude Delmas），《歐洲文明》（吳錫德譯），臺北：遠流出版公司，1994 年，頁 127～138。

　　這是說我們從未擅長於藉戕天役物成就自己而顯示生來特能仰體上帝造人的美意，但才份的優為發用卻能營造出一種雍容華蔚且無所耗費的諧和美感來；而一旦不明此旨強要棄我從他後，永遠學不會西方人的科學迷情和哲學逞思的命運就註定了。至今國人所夢想摶造的百年西化大業，怎麼瞧都是一個律動不起來的生活形態！反而是整套體系如政治、經濟、社會及其教育和軍事等不斷地盲目在尾隨別人而僅能效顰過日，並且包括原有的脾性和對人的溫情等在內還隨著妄擬西方法制刻酷而快蕩然無存。放眼望去，儘是疏離傳統卻又茫無所適，所剩只差內政外交疲困不堪、民眾幸福指數滑落到了谷底[53]。

　　如今西方人興作帶動的資本主義全球化及其霸權連番的殖民征服配置等，已然要將舉世推向能趨疲（entropy）的末路，但他們仍舊不死心想在經濟終止運轉前再奮力一擊企圖突圍[54]；而最新網路科技所造成的隱形帝國還在奢望普泛操控你我的生活[55]，這種種更見一體化且沒有明天的險巇存在模式，都軋進了創造觀型文化一系的審美體驗，卻又無能反向拯救世界的失序沉淪。以至從新召喚古來君子在表現系統的雅緻身分塑造，讓他實際作用於行動系統中相

[53] 參見周慶華，《走上學術這條不歸路》，新北：生智文化公司，2016 年，頁 16 ～17。

[54] 詳見布萊恩（Mark Blyth），《大緊縮：人類史上最危險的觀念》（陳重亨譯），臺北：聯經出版公司，2014 年；達博斯（Richard Dobbs）等，《非典型破壞：西方不認識、資源大轉移的四個新世界顛覆力量》（盧佳宜譯），臺北：大寫出版社，2016 年；威廉斯（Gervais Williams），《當全球化停止轉動》（劉復苓譯），臺北：大是文化公司，2017 年。

[55] 詳見施奈爾（Bruce Schneier），《隱形帝國：誰控制大數據，誰就控制你的世界》（韓沁林譯），臺北：如果出版社，2016 年；莒甘（Marc Dugain）等，《裸人：數位新獨裁的世紀密謀，你選擇自甘為奴，還是突圍而出？》（翁德明譯），臺北：麥田出版社，2018 年。

關體制的設計和執行等充滿諧和美感的理想政治摶造[56]，以緩解世界的毀敗和人心的迷惘，從而體現中國傳統氣化觀型文化所深具渡世承擔可以靠它來終極保證的真諦，自然也就成了自我奮起也期待他人協力的一件刻不容緩的重要事。

---

[56] 這古已存在卻尚未普遍見著實踐的大同社會構想，它所要完滿的「選賢與能，講信修睦」、「人不獨親其親，不獨子其子」、「使老有所終，壯有所用，幼有所長，矜寡孤獨廢疾者皆有所養」、「男有分，女有歸」、「貨惡其棄於地也，不必藏於己」和「力惡其不出於身也，不必為己」等公共義行，而最後締造一個「謀閉而不興，盜竊亂賊而不作」和「外戶而不閉」的終極和平國度（詳見孔穎達等，《禮記正義》，十三經注疏本，臺北：藝文印書館，1982 年，頁 413），其實都有賴君子德才的介入而使它更有足夠教人景仰讚嘆的風采可感。

第九章 君子的行動系統夢想： 中國傳統氣化觀型文化的 時代推衍

一、君子德才的用世連結

照理君子在加總才藝的優為表現後，已經具有一個不世出的形象而可以許為現實社會所求「獨善其身」類的最新典範[1]，只是他還有仁者聖人這更崇高的益世使命得上契擔負，以見能够恆久保障大家適性發展的美好政體的實現[2]，所以備列德才的君子勢必要再行跟用世一事連結，以體現人間特異者的更深或更精在世存有。

所謂「在世存有」，是指人活在世上所能挺立或彰顯的意義和價值（以有別於純生物性的存在），這在經由兼備德才而呈現出存有性的君子那裏，他所異於常人的地方，主要是有一項個別道德迎向集體道德或深受集體道德召喚的理則在背後制約著。此一理則，乃由心理機能中的權力意志、社會機能中的權力關係和文化機能中的世界觀等所綜合摶成的[3]。它本通行於社會各階層想要有所作為或雅不

---

[1] 從《論語》一書所載來看，率先為君子型範塑造向度而勤力不輟的孔子，不論他所施教的或所要求於弟子時人的，都以德才兼備的「獨善其身」為人在世存有的具典範性標誌。所謂「（子曰）志於道，據於德，依於仁，游於藝」、「子以四教：文，行，忠，信」、「興於詩，立於禮，成於樂」、「（子曰）若臧武仲之知，公綽之不欲，卞莊子之勇，冉求之藝，文之以禮樂，亦可以為成人矣」等等（邢昺，《論語注疏》，十三經注疏本，臺北：藝文印書館，1982 年，頁 60、63、71、125），這所亟欲成就的新身分（君子自然屬此），無不逸離尋常人的生物性而可以晉級到足够擔起摶造「人文化成」社會的任務階段。

[2] 參見周慶華，〈郁郁乎文君子 VS.鄙野小人──中國傳統氣化觀型文化的一個爭勝點〉，刊於《孔孟月刊》第 55 卷第 9、10 期，2017 年，頁 4～6。

[3] 權力意志為內在終極的驅力，乃指對他人所起影響或支配的欲望；權力關係為外在橫向的驅力，乃指料定所想要影響或支配的對象；世界觀（內鑄有終極信仰）

甘願凡庸的人，但在已德才兼備而信念堅確的君子身上會更強顯此中綿黏催化的作用力。

這段倫理覺悟及其發用的旅程，可以結穴於孟子所出示的「窮則獨善其身，達則兼善天下」一語[4]。當中窮／達未必是緣於外在環境而使然的，它也可以是自我意欲或強為爭取的，如孔子所自述「飯疏食飲水，曲肱而枕之，樂亦在其中矣。不義而富且貴，於我如浮雲」、「沽之哉！沽之哉！我待賈者也」、「吾豈匏瓜也哉？焉能繫而不食」和「鳥獸不可與同羣！吾非斯人之徒與而誰與？天下有道，丘不與易也」等[5]切近顯示的。因此，君子德才的用世連結，就有如一個先知式或慧見式的命題，早就在中土社會亟欲得到普遍的驗證。

二、相關連結既有一些成說的風貌

就積極倡議君子德才行世的孔子來說，他所深切關懷的無非是想看到一個美好政體的實現（因為那是保障大家足以適性發展的至要條件）。而此一美好正體，在經過他所評判舊案以及跟時人或弟子的對答中，也已有了一定的輪廓，君子德才要介入運作想必不乏可參照的座標。

現在就依《論語》一書所載略作條理。首先，該座標最極至性的點眼，就在「為政以德，譬如北辰，居其所而眾星共之」[6]該一極為切要以德感召化民的項目上。正如堯舜禹所表現的那樣：

為外在縱向的驅力，乃指傳統意識形態所加諸於人的價值選擇。參見周慶華，《身體權力學》，臺北：弘智文化公司，2005 年，頁 25～48。
[4] 孫奭，《孟子注疏》，十三經注疏本，臺北：藝文印書館，1982 年，頁 230。
[5] 邢昺，《論語注疏》，頁 62、79、155、165。
[6] 邢昺，《論語注疏》，頁 16。

子曰：「大哉，堯之為君也！巍巍乎，唯天為大，唯堯則之！蕩蕩乎，民無能名焉！巍巍乎，其有成功也！煥乎，其有文章！」[7]

子曰：「巍巍乎，舜禹之有天下也，而不與焉！」[8]

子曰：「無為而治者，其舜也與！夫何為哉，恭己正南面而已矣。」[9]

子曰：「禹，吾無間然矣！菲飲食，而致孝乎鬼神；惡衣服，而致美乎黻冕；卑宮室，而盡力乎溝洫。禹，吾無間矣！」[10]

堯舜禹是典型君子更升一級在政治上有良好作為紀錄的人，雖然他們在「博施濟眾」或「修己以安百姓」的聖人事業方面還有所虧欠[11]，但就以德感召化民一點來說確實已足夠為從政者的表率[12]。

---

[7] 邢昺，《論語注疏》，頁 72。

[8] 邢昺，《論語注疏》，頁 72。

[9] 邢昺，《論語注疏》，頁 137。

[10] 邢昺，《論語注疏》，頁 73～74。

[11] 所謂「（博施濟眾）必也聖乎！堯舜其猶病諸」和「修己以安百姓，堯舜其猶病諸」等（邢昺，《論語注疏》，頁 55、131），都說到聖人事業遠難以成就，堯舜（涵蓋禹）等人還得從德高中再行進業。

[12] 這也就是孔子在答覆樊遲和季康子等人問政（樊遲表面在請學稼學為圃，實際則是要了解從政途徑）所極力強調的「子為政，焉用殺？子欲善，而民善矣！君子之德風，小人之德草，草上之風必偃」／「上好禮，則民莫敢不敬；上好義，則民莫敢不服；上好信，則民莫敢不用情。夫如是，則四方之民襁負其子而至矣，焉用稼」（邢昺，《論語注疏》，頁 109、116）乃有這一典型在夙昔的緣故。凡是不能夠如此的，所要面對的必然是「苟正其身矣，於從政乎何有？不能正其身，

其次,順著該點眼而見著於行事的,不論是為主或居官,都必須德範無類且晉用賢能,以便上下通氣而無所乖隔債事。這已有孔子的皇皇言說在見示著:

> 定公問:「君使臣,臣事君,如之何?」孔子對曰:「君使臣以禮,臣事君以忠。」[13]

> 哀公問曰:「何為則民服?」孔子對曰:「舉直錯諸枉,則民服;舉枉錯諸直,則民不服。」[14]

> 仲弓為季氏宰,問政。子曰:「先有司,赦小過,舉賢才。」曰:「焉知賢才而舉之?」曰:「舉爾所知,爾所不知,人其舍諸?」[15]

如此君臣一體適用君子守節,可見是德範無類;而能讓百姓信服,也可知是晉用了賢能在推動政策,無不體現著一貫的道德邏輯。這麼一來,君君/臣臣的上下和諧關係獲得了保障;而近者說(悅)/遠者來的高華政績也從此悠然底定[16]。

如正人何」/「其身正,不令而行;其身不正,雖令不從」(邢昺,《論語注疏》,頁 117、116)這種無以正人或有令不從的難堪下場。

[13] 邢昺,《論語注疏》,頁 30。

[14] 邢昺,《論語注疏》,頁 18。

[15] 邢昺,《論語注疏》,頁 115。

[16] 這各出自一段問答:「齊景公問政於孔子,孔子對曰:『君君,臣臣,父父,子子。』公曰:『善哉!信如君不君,臣不臣,父不父,子不子,雖有粟,吾得而食諸?』」「葉公問政,子曰:『近者說,遠者來。』」(邢昺,《論語注疏》,頁 108、117~118)孔子的答話顯然已經預設了上述德範無類和晉用賢能等前提;否則,相關的和諧關係和高華政績就無由生起。至於最能見著「排除施政阻力」實效的

　　再次，當德風還不夠普及以爲化民成俗，以及別有異端介入橫生枝節礙著時，就得仰賴教育來救助，從「舉善而教不能，則勸」著眼，終而如「放鄭聲，遠佞人」遠離異端[17]，自然就能同登君子進德的殿堂。同樣的，這也有孔子的獨家識見在先：

> 子適衛，冉有僕。子曰：「庶矣哉！」冉有曰：「既庶矣，又何加焉？」曰：「富之。」曰：「既富矣，又何加焉？」曰：「教之。」[18]

> 子曰：「道之以政，齊之以刑，民免而無恥。道之以德，齊之以禮，有恥且格。」[19]

> 子之武城，聞絃歌之聲，夫子莞爾而笑曰：「割雞焉用牛刀？」子游對曰：「昔者，偃也聞諸夫子曰『君子學道則愛人，小人學道則易使也』。」子曰：「二三子，偃之言是也，前言戲之耳！」[20]

晉用賢能部分，底下這段對話可說是特佳的見證：「樊遲問仁，子曰：『愛人。』問知，子曰：『知人。』樊遲未達。子曰：『舉直錯諸枉，能使枉者直。』樊遲退，見子夏曰：『鄉也，吾見於夫子而問知，子曰「舉直錯諸枉，能使枉者直」，何謂也？』子夏曰：『富哉言乎！舜有天下，選於眾，舉皋陶，不仁者遠矣；湯有天下，選於眾，舉伊尹，不仁者遠矣。』」（邢昺，《論語注疏》，頁110）。
[17] 詳見邢昺，《論語注疏》，頁18～19、138。
[18] 邢昺，《論語注疏》，頁116。
[19] 邢昺，《論語注疏》，頁16。
[20] 邢昺，《論語注疏》，頁154。

教育是爲了讓人脫離蒙昧且可以優入君子範域，使得美好政體的建立由於有一定共識互挺而得以磐石永固。這樣所加入的教化助力而讓相關施政能夠順利開展後，接著一如孔子深加期許的「善人教民七年，亦可以即戎矣」、「善人為邦百年，亦可以勝殘去殺矣」和「如有王者，必世而後仁」等理想遠景[21]，就會漸次在大家的眼前形現。不然，所有可能壞事的劣跡包括「不教而殺謂之虐」、「以不教民戰，是謂棄之」和「攻乎異端，斯害也已」等[22]，必定紛至沓來而造成政體的瓦解，民眾也從此要過著流離失所心無止歸的非人生活！

此外，對於君子德才的用世連結，還可以在積極面上立顯「老者安之，朋友信之，少者懷之」的高度溫暖人心效果[23]；而在消極面上也會有「不念舊惡，怨是用希」、「故舊不遺，則民不偷」、「苟子之不欲，雖賞之不竊」、「躬自厚而薄責於人，則遠怨矣」和「惠而不費，勞而不怨，欲而不貪，泰而不驕，威而不猛」等不教人訾議的取信作用[24]，很足夠合上述諸端一起體現或營造出「大同社會」的氣象來[25]。雖然在孔子略後有孟子僅要求人主與民同享所嗜樂／色／貨一類「降等仁政」的倡議[26]，似乎主動應景要爲該情境打折

---

[21] 邢昺，《論語注疏》，頁 119、117。

[22] 邢昺，《論語注疏》，頁 179、120、18。

[23] 詳見邢昺，《論語注疏》，頁 46。

[24] 詳見邢昺，《論語注疏》，頁 45、70、109、139、179。

[25] 《禮記》書中所規模的大同社會細如「天下為公」／「選賢與能，講信修睦」／「故人不獨親其親，不獨子其子」／「使老有所終，壯有所用，幼有所長，矜寡孤獨廢疾者皆有所養」／「男有分，女有歸」／「貨惡其棄於地也，不必藏於己」／「力惡其不出於身也，不必為己」（而後就能「謀閉而不興，盜竊亂賊而不作」和「外戶而不閉」）等事項（詳見孔穎達等，《禮記正義》，十三經注疏本，臺北：藝文印書館，1982 年，頁 413），大致上都不出孔子語錄示意的範圍。

[26] 孟子勸齊宣王行仁政，對方託詞自己爲好樂／好貨／好色等俗情所累，孟子順勢告以與民同享仍不失仁政的理想（詳見孫奭，《孟子注疏》，頁 29～36）。這固然是一種權變說詞，不好苛責；但它終究不如孔子從制高點上規範人主不存私欲

扣而頓失高華的理想性；但那對世人普遍沉溺而亟思予以拯救的用
心依然可感，仍不失相關連結有意反轉天下無道爲有道的朗朗志節。

三、可發展的行動系統夢想

　　正因爲君子德才兼備的存有性得在現實中有一番殊異的表現框
限，而該表現乃屬整體文化中的行動系統管轄，以至相關的討論就
可以匯聚到行動系統的性狀來定點發微。這是從精神內蘊而後外發
爲作務的一貫理路（否則內外不一致所顯現的矛盾性會讓一個人失
去存在意義），在強顯德才特徵的君子那裏尤其要被嚴密邏輯所準
繩。

　　依照「文化是人類展現創造力的歷程和結果的整體」這一有效
看待文化的方式[27]，底下所能再分出終極信仰／觀念系統／規範系
統／表現系統／行動系統等次系統，以及將該次系統整編成一個具
先後次序和橫向聯繫的關係圖[28]，那君子志節的體現或揚露就可以
一併在所屬的位置上展演：

的優越視野。

[27] 詳見沈清松，《解除世界魔咒——科技對文化的衝擊與展望》，臺北：時報文化
出版公司，1986 年，頁 24～29。

[28] 詳見周慶華，《語言文化學》，臺北：生智文化公司，1997 年，頁 74～75；《語
文教學方法》，臺北：里仁書局，2007 年，頁 182～185。

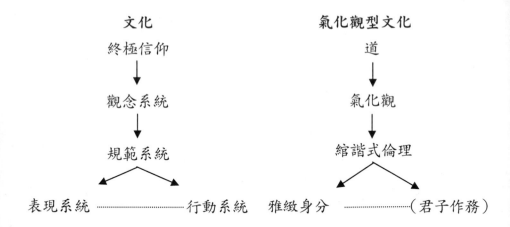

從道（自然氣化過程或原理）→氣化觀→絪諧式倫理→雅緻身分等，都給君子「量身定作」好了，所剩就是他所要採取的行動。這個行動涉及對待自然和人羣的全套辦法，包括自然技術（開發自然、控制自然和利用自然等技術）和管理技術（社會技術或社會工程）等。

　　由於君子是中國傳統氣化觀型文化最合適被推崇的人格型範，而他的種種德行才具向度也已受到相當程度的模塑且亟待戮力踐履[29]，所以在行動系統自然就能夠發展出特定的夢想。說這是夢想，乃意味著現實中還有所不盡能（如前面所舉孔子對美好政體的期許尚未見著於當時社會），必須著為想望而勉力去追求。

　　事實上，在孔子時代已經為君子作務規模了一定的形態可以進趨。所謂「其行己也恭；其事上也敬；其養民也惠；其使民也義」[30]，這是君子在政事上最基本應有的作為；而「修己以安人」／「修己以安百姓」[31]，這是君子上契為仁者聖人從政所得成就的；至於「足

[29] 參見周慶華，〈郁郁乎文君子 VS.鄙野小人——中國傳統氣化觀型文化的一個爭勝點〉，頁 1～10。
[30] 邢昺，《論語注疏》，頁 44。
[31] 邢昺，《論語注疏》，頁 131。

食／足兵／民信之」和「庶矣／富之／教之」等[32]，則又是君子施政所要周到顧全的範本，無不充分顯示非君子所不能的獨特行動。而這到了孟子時代，乃直接代以「仁政」的倡議，所統括的有省刑罰／薄稅斂／與民同享逸樂／使先覺覺後覺等比較具體的策略[33]，一起成爲人主臣屬比照上達的標竿。

在孔孟後的歷史洪流裏，稱得上能臻致此境的，大概只有漢文帝主政那二十多年。據史書所載，孝景帝制詔御史有「孝文皇帝臨天下，通關梁，不異遠方，除誹謗，去肉刑，賞賜長老，收恤孤獨，以育羣生。減嗜欲，不受獻，不私其利也。罪人不帑，不誅無罪，除宮刑，出美人，重絕人之世。此皆上古之所不及，而孝文皇帝親行之。德厚侔天地，利澤施四海，靡不獲福焉」[34]這樣的崇揚；而史書作者的贊語「孔子言『必世然後仁。善人之治國百年，亦可以勝殘去殺』。誠哉是言！漢興，至孝文四十有餘載，德至盛也。廩廩鄉改正服封禪矣，謙讓未成於今。嗚呼，豈不仁哉」[35]也彰明一代帝王德配天地的內在因緣，一致落實了只有仁政才能贏得高度美譽的道理。

四、此夢想可落實爲對治外來體制的干擾

事理到這裏已經很明朗了：一個人得努力晉身爲深具內質義外飾禮孫信該一文質彬彬特質且兼備文學藝術等才能的君子，然後上契知所推己及人的仁者和能博施濟眾的聖人，並由此發爲仁政外務

---

[32] 邢昺，《論語注疏》，頁 107、116。

[33] 詳見孫奭，《孟子注疏》，頁 14、29～36、176

[34] 司馬遷，《史記》，臺北：鼎文書局，1979 年，頁 436。

[35] 司馬遷，《史記》，頁 437～438。

而後成就王道，以體現氣化觀型文化中人特高格的在世存有性。這是可及身驗證的（史上堯舜禹湯文武周公等都能展現出相當程度的美姿；而孔孟也從自持中透顯機會到了就可以如此達陣），只是畫地自限或半途止步的人更多，馴致要把它重許為夢想而冀望異日再行落實。

　　然而，如今時空卻無端地遷延了，擺在大家眼前的是一個益加嚴峻的現實環境：也就是百多年來中土社會受到外來體制的籠罩，伸縮失常且大為質變，使得相關的夢想必須轉來直接落實為對治該體制的干擾，以便能夠挽回民族自信心，同時也試著代為拯救世界的危殆。前者（指挽回民族自信心）是說西方創造觀型文化得著便利於近世竄升並大舉向外擴張後，國人在面對自我一連串的戰事失利，很快就卸下心防轉為全心擁抱對方妄想圖存，殊不知這般委屈求全朝西方靠攏所得付出的代價：就是大家不再了解自己所屬文化傳統是怎樣綿延輝煌了幾千年，以及中間還締造了漢唐盛世和融化過蒙滿異族統治等；只因為暫時被人家的船堅炮利轟開了大門，感受到一股從未有過的外來文化衝擊，就打心底拜服而不分青紅皂白的妥協於對方，試想我們終究成了什麼人！從早期洋務運動的「師夷之長技以制夷」或「中學為體，西學為用」，到五四新文化運動的迎接德先生（Democracy）和賽先生（Science）而全盤西化，以及晚近海峽兩岸隨順全球化浪潮而攀附西方資本主義的驥尾等，不過是短短一個多世紀中國傳統氣化觀型文化就從世界除名，而我們卻還烙印著黃種人的印記，在西方白人看來仍舊是次等民族！請問這樣長此以往，我們還能拿什麼來炫人自豪[36]？因此，回返來接軌原有仁政此一君子外務的訴求，而讓整個民族能夠從新挺立，也就成

---

[36] 參見周慶華，《走上學術這條不歸路》，新北：生智文化公司，2016年，頁22～24。

了國人「捨此無他」的特大使命。

　　後者（指試著代為拯救世界的危殆）是說創造觀型文化混合著古希臘哲學傳統和基督教信仰等所預設或相信宇宙萬物受造於一個至高無上的主宰，難免會讓西方人聯想到在塵世創造器物和發明學說以媲美造物主的風采，當中科學就這樣在該構想被勉為實踐的情況下誕生了（跟基督教同出自古希伯來宗教的猶太教和伊斯蘭教，在它們所存在的中東地區由於缺乏古希臘哲學傳統的相輔相成，就不及西方那樣成就耀眼）。這一誕生，緊接著窮為戮天役物而造成資源短缺、生態失衡、環境破壞和征伐掠奪等後遺症就無止無盡了。至於民主，那又是主要緣於基督教徒深信他們的始祖因為背叛造物主的旨意而被貶謫到塵世，以至後世子孫代代背負著罪惡而來；而為了防止該罪惡的孳生蔓延，他們設計了一個相互牽制或相互監視的人為環境，也就是均權式的政體（一樣的，信奉猶太教和伊斯蘭教的國家並沒有強烈的原罪觀念或根本沒有原罪觀念，所以就不時與基督教徒所崇尚的那種制度，而終於也沒有開展出民主政治來）[37]。很明顯這是收編古希臘時代就已萌芽的公民自治體制，但它卻忽略了那時期的柏拉圖（Plato）所認為民主是一種短多長空的非理想政體；而亞里斯多德（Aristotle）也認為民主制政體是佔多數的人們所控制的政體，經常流於暴民政治，不啻要把民主制度和最糟糕的政體畫上等號[38]。即使到了十八世紀，民主制度也還被視為是摧毀文明和價值的源頭；甚至跨越到十九世紀連一個夠格的民主政體也沒有出現（縱然有美國自認為建立了第一個民主政體，也因為那時還做不到普選而不能算數）。直到二十世紀初，才有幾個准許成年男女

---

[37] 參見周慶華，《後宗教學》，臺北：五南圖書出版公司，2001 年，頁 23〜24。
[38] 詳見蔡東杰，《民主的全球旅程——從歐洲走向世界》，臺北：五南圖書出版公司，2009 年，頁 11、12。

擁有投票權的國家（如澳大利亞和紐西蘭等），而開啓所謂亟欲真正
民主的世代卻又僅能在有限程度上掙扎[39]。爾後全世界有超過半數
政權都走上仿效歐美強勢國家實施民主制度的道路，但它們也不過
是被影響且操縱來方便獲利，以遂行該強勢國家優勢宰制的欲望（因
爲只有強迫所在國實施相互制衡的兩黨政治，那些強勢國家才可以
從中投機牟利）。而實際上，許多弱勢國家輕易實施民主制度後，不
但社會動盪不安（一黨上臺執政，一黨在臺下鼓噪叫囂和扯後腿），
而且還把自我珍貴的傳統文化棄守得蕩然無存；即使是中間型國
家，也由於內質難變，在實施民主制度的過程中除了容易孳生政黨
林立而相互傾軋不已（已失兩黨政治理性制衡的本意），對於背後支
持的母國更是俯首貼耳而不敢擅作主張別爲涉外發展，結果是永遠
在世道中浮沈而無所止歸[40]。現今更因該體制必然促成的民粹當
道、行政效率低落和中產階級反叛等諸多困境湧現，導致所有可見
的民主體系都在退潮崩解中[41]。因此，從新召喚我們自己所屬文化
傳統內蘊的縮諧式倫理[42]，以及衍發爲仁政此一更臻勝境的君子作
務，也就有自我改向和規箴人心等重大意義（如同代爲拯救了世界

---

[39] 詳見慕孚（Chantal Mouffe），《民主的弔詭》（林淑芬譯），臺北：巨流圖書公司，
2005 年，頁 1～14。

[40] 參見周慶華，《走上學術這條不歸路》，頁 36。

[41] 詳見科藍茲克（Joshua Kurlantzick），《民主在退潮：民主還會讓我們的世界變
得更好嗎？》（湯錦台譯），臺北：如果出版社，2015 年，頁 21～57。

[42] 在氣化觀此一世界觀底下，乃因大家預設或相信氣化成人而別無可關懷或負責
對象的情況下，勢必極力於經營人際關係和考量跟萬物相處的合理途徑，致使縮
結人情／諧和自然這一整體特色就大有別於西式文化所體現挑戰自然／媲美上帝
那一戕役式倫理（按：縮諧式倫理所涉及諧和自然部分，這在儒家如孟子所說「親
親而仁民，仁民而愛物」〔孫奭，《孟子注疏》，頁 244〕已充分將它點明；而道家
所崇尚的「天地與我並生，而萬物與我為一」〔王先謙，《莊子集解》，新編諸子集
成本，臺北：世界書局，1978 年，頁 13〕更把它推到極致）。參見周慶華，《文化
治療》，臺北：五南圖書出版公司，2012 年，頁 119～131。

的危殆）。

五、成了最佳中國傳統氣化觀型文化的時代推衍

　　顯然民主的均權作法自有一套神信仰爲背景，它在西方社會也許還可以維持相當的時日（只要西方人還迷戀他們的信仰），但移植到非西方世界後卻只會越見不適應症。就以傳到中土社會爲例，本來氣化積聚成人的終極信仰所促成以家族作爲社會結構基本單位，一旦護住了那親親系統和尊尊系統就能取得和諧政治的效果。所以歷來只有對絕對性聖王仁君的迫切需求（就像家族裏要有稱職的家長或族長），而沒有被設想成採普選的方式產生一個權宜操作且僅能符合相對多數選眾所望的領導人。後者不但德能有待考驗，並且施政時還會被自己所屬政黨裏脅以及遭遇反對黨的掣肘，不可能有表現的機會。而這經由不斷選舉，政績乏善可陳和弊端叢生也就一再的重演；而社會的裂痕脫軌更是只能加深惡化下去（不像古代的聖王仁君善政美績還有一絲可期待值）[43]。

　　只不過很遺憾的，國人尚未好好的充實或穩定這一生活模式，就急著邯鄲學步走上民主政制的道路，後果是家族半解體了（家族成員逐漸分屬不同政黨），社會秩序紊亂了（大家競相忙於糾眾結黨互軋），國家前途也沒了（誰也無法保證這樣搞下去還會有什麼遠景）。相對的，西方創造觀型文化因爲內蘊平等受造的意識，勢必以個人爲社會結構基本單位，所訂政治規範有嚴密的法律作爲基礎（由人神的約定延伸到羣眾的約定，凡事不遵守該約定的，不僅會身陷牢獄，而且還可能受到上帝的懲罰，那是比什麼都嚴厲的），因此民

---

[43] 參見周慶華，《走上學術這條不歸路》，頁 42～44。

眾在行使權利上至少不會有無理取鬧的情事發生；而整個社會提供
了多元管道讓大家能夠適性發展，以至熱中選舉而棄正常營生於不
顧的荒謬景象也就不大可能出現[44]。這也就是西方民主體系固然也
在退潮中卻還能勉強持續下去的原因；而反觀我們這裏沒有類似的
信仰基底，就很難深入紮根而不會在一夕之間解體，屆時將不知道
如何想像誰有能耐來收拾殘局！

　　此外，還有在民主和科學競出的過程中夾纏一個危害最烈的資
本主義。它原是十六世紀宗教改革後倏地竄出的：那時基督教新教
徒憑著他們「因信稱義」的信念，脫離舊教會的束縛，由於社會地
位低落（而非上層社會的既得利益者）必須以快速致富的方式來改
善處境，所以促成了資本主義的興起；爾後為了更能取得存在的優
勢，連帶地到世界各地掠奪資源和建立根據地而造成殖民主義的盛
行，而全球化也就從這時候陸續的展開，始終都未嘗平息當中藉別
人的資源來實現自己致富美夢的優著氣燄[45]。這是說資本主義以絕
對獲利為前提，凡是能藉來成功致富的途徑無不窮盡所能的蒐尋利
用[46]；而為了排除各種可能的阻力，還會在紅海廝殺以外想方設法

---

[44] 參見周慶華，《走上學術這條不歸路》，頁44～45。

[45] 基督教新教徒所以會走到這個地步（舊教徒後來也紛紛受到刺激而跟著張揚起
來），關鍵也在他們所信守的原罪觀；而緣於贖罪的必要性，一種深沈的塵世急迫
感勢必會悄悄的孳生，終於演變成要在現世累積財富兼及創造發明來榮耀上帝並
藉以獲得救贖。至於在內部要改善本身不利的處境，那也僅僅是新的觸媒或正好
的藉口，終究掩飾不了背後那自我脫罪兼凌駕他人的顯著企圖。參見周慶華，《反
全球化的新語境》，臺北：秀威資訊科技公司，2010年，頁13～15。

[46] 舉凡知識、科技、資訊、人體、債券、毒品、色情產業、黑心食品、大數據和
風險產業等，只要能賣錢的都在開發的行列。詳見梭羅（Lester C. Thurow），《知
識經濟時代》（齊思賢譯），臺北：時報文化出版公司，2000年；西洛瑟（Eric
Schlosser），《大麻・草莓園・色情王國》（張美惠譯），臺北：時報文化出版公司，
2005年；馬丁（Peter N. Martin），《歷史上的投機事業》（許可達譯），新北：左岸
文化公司，2007年；賈德納（Dan Gardner），《販賣恐懼：脫軌的風險判斷》（李

創新掠食來維持自我長久的獲益[47]。以至在一番翻攪後，全世界都被捲入了嗜利拚鬥的行列，一起走向窮竭資源和製造各種生態災難的險巇末路。這是支持資本主義的人士所無知或漠視的一面[48]：它順勢打著民主制度授予自由市場的旗號，以及得自科學無盡研發產能的便利（甚至在它足够強勢時還會回過頭迫使民主科學妥協或升級而彼此沆瀣一氣的辯證發展著），而更爲躐等躍進，至今仍不見縮

靜怡等譯），臺北：博雅書屋公司，2009 年；科文（Tyler Cowen），《達蜜經濟學：.me.me.me…在網路上，我們用自己的故事，正在改變未來》（陳正芬譯），臺北：經濟新潮社，2010 年；卡尼（Scott Carney），《人體交易：探尋全球器官捐客、骨頭小偷、血液農夫和兒童販子的蹤跡》（姚怡平譯），臺北：麥田出版社，2012 年；威爾森（Bee Wilson），《美味詐欺：黑心食品三百年》（周繼嵐譯），新北：八旗文化公司，2012 年；拿波里奧尼（Loretta Napoleoni），《流氓經濟：資本主義的黑暗與泥沼》（秦嶺譯），臺北：博雅書屋公司，2012 年；唐斯（Larry Downes）等，《大爆炸創新：在更好、更便宜的世界中成功競爭》（羅耀宗譯），臺北：遠見天下文化出版公司，2015 年；歐尼爾（Cathy O'Neil），《大數據的傲慢與偏見：一個「圈內數學家」對演算法霸權的警告與揭發》（許瑞末譯），臺北：大寫出版社，2017 年。

[47] 創新原是爲了掠食，卻被美化爲一種沒有硝煙味的藍海策略或白地策略。詳見維葉特（Michel Villette）等，《偉大的企業家都嗜血？：從掠食者到商場英雄的成功之道大揭密》（洪世民譯），臺北：財信出版公司，2010 年；金偉燦（W. Chan Kim）等，《藍海策略：開創無人競爭的全新市場》（黃秀媛譯），臺北：天下遠見出版公司，2009 年；強生（Mark Johnson），《白地策略：打造無法模仿的市場新規則》（林麗冠譯），臺北：天下遠見出版公司，2010 年。

[48] 那不僅見於早期迎合資本主義的論調，而且還顯明於晚期甚多有關新利用厚生的綠經濟主張。前者，詳見韋伯（Max Weber），《新教倫理與資本主義精神》（于曉等譯），臺北：谷風出版社，1988 年；歐肯（Arthur M. Okun），《平等與效率：最基礎的一堂政治經濟學》（許晉福等譯），臺北：經濟新潮社，2017 年；米塞斯（Ludwig von Mises），《反資本主義者的心境》（謝宗林譯），臺北：五南圖書出版公司，2018 年。後者，詳見麥考爾（Joel Makower），《綠經濟：提升獲利的綠色企業策略》（曾沁音譯），臺北：麥格羅‧希爾國際公司，2009 年；瓊斯（Van Jones），《綠領經濟：下一波景氣大復甦的新動力》（鄭詠澤等譯），新北：野人文化公司，2010 年；修爾（Juliet B. Schor），《新富餘：人類未來 20 年的生活新路徑》（陳琇玲譯），臺北：商周出版社，2010 年。

手；結果是舉世瘋狂的向新富餘看齊，也給人類自己種下了處境十分困窘危殆的根由！

　　這麼一來，再不從新選過清貧節制的生活，一個資源耗盡而使地球陷於一片死寂的能趨疲（entropy，熵）臨界點就要來臨了，大家即將無所逃遁的跟著化為灰燼，歷史徹底的自我終結。可見這時候多麼有賴於從不戕天役物的氣化觀型文化復振來拯溺救亡，庶幾有助於人類渡過眼前的迅趨滅絕難關。而此中仁政該一君子作務所能達致的大同社會理想，自是對治西式科學／民主／資本主義等行動最切合的資源（印度所興起佛教搏成的緣起觀型文化以解離為訴求而不務世情，還不足以重為依賴取鑑）。如圖所示：

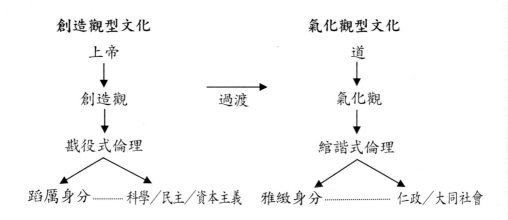

創造觀型文化　　　　　　　　　　氣化觀型文化

上帝　　　　　　　　　　　　　　道

↓　　　　　　　　　　　　　　　↓

創造觀　　　　　過渡　　　　　　氣化觀

↓　　　　　　　　　　　　　　　↓

戕役式倫理　　　　　　　　　　　諧式倫理

踏屬身分┈┈┈科學／民主／資本主義　　雅緻身分┈┈┈仁政／大同社會

西方人處處自置險地所顯露的是一踏屬身分（表面上是砠欲追比上帝而帶有崇高性，實際上則是在自我陷溺而終流於悲壯下場），畢竟要由君子的雅緻身分（優美可感）來調節轉化，相關的科學／民主／資本主義等多悖作務才更有機會淡化歔跡。而現世因資本主義所連帶推動的市場化社會福利制度（原反對資本主義的共產主義社

會，晚近也都自動轉向而一樣卯上了這種市場化的社會福利制度），它的高度浪費、乏效和得忍受眾多掣肘等弊病[49]，也就可以在仁政實踐過程中所營造的大同社會逕行予以消除，這乃不言可喻了；否則，讓隱含邪惡、貪婪、狡詐和自私自利等成分的資本主義繼續存活，不但社會福利難以持久，恐怕包括整個政體在內都可能因嚴重內爆而潰亡[50]。由此可見，上述所掀揭君子的行動系統思想，不啻成了最佳中國傳統氣化觀型文化的時代推衍，此外就無從想像另有更好的對策可以藉為挽救現世的頹勢[51]。

---

[49] 參見王順民，《宗教福利》，臺北：亞太圖書出版社，1999 年，頁 23；周慶華，《死亡學》，臺北：五南圖書出版公司，2002 年，頁 232～241。

[50] 在經濟營利上，當以各自獲益什一為準則；凡是有超過或躐等的，都成了貪得的非義行為，合該受到道德的譴責（以農作物生產為例，所涉及生產者／代工者／加工者／經銷者／販賣者／種子配備提供者／器具提供者／肥料利物提供者／稅賦／急難救助金等，彼此都逐利什一就屬合理恰當；倘若有人貪婪而取利溢出，那麼當中必會發生剝削、詐欺和壟斷等行事，而聚非演成罪惡的淵藪）。前者，在先秦時代可知已有定制，如孟子所說「夏后氏五十而貢，殷人七十而助，周人百畝而徹，其實皆什一也」（孫奭，《孟子注疏》，頁 91）和有若勸魯哀公改行什一稅法「哀公問於有若曰：『年饑，用不足，如之何？』有若對曰：『盍徹乎？』曰：『二，吾猶不足，如之何其徹也？』對曰：『百姓足，君孰與不足？百姓不足，君孰與足？』」（邢昺，《論語注疏》，頁 107）等足以為證（其餘的獲益情況應該也不難推及）；後者，則普見於當今的資本主義，它以高度逐利的反道德取向（好比美國蘋果公司生產手機所獲暴利近什六那樣。詳見曾航，《iPhone 苦·悶·臺灣》，新北：人類智庫數位科技公司，2012 年，頁 166），衝撞防線、誘引人心貪酷和破壞生態環境等，早已信用出缺卻又牢牢拴住歷史列車而不知死期將屆（詳見佘羅〔Lester C. Thurow〕，《資本主義的未來》〔李華夏譯〕，新北：立緒文化公司，1998年；瑞奇〔Robert B. Reich〕，《超級資本主義：透視中產階級消失的真相》〔李芳齡譯〕，臺北：天下雜誌公司，2008 年；巴伯拉〔Robert J. Barbera〕，《資本主義的代價：後危機時代的經濟新思維》〔陳儀譯〕，臺北：麥格羅·希爾國際公司，2009 年；普倫德〔John Plender〕，《資本主義：金錢、道德與市場》〔陳儀譯〕，臺北：聯經出版公司，2017 年）。

[51] 現有體制也許不容易在短時間內汰換更新，但對於從政者（不論他是由選舉還是由推舉或是由其他方式產生）的君子身分及其仁政作務卻得優先加以限定，相關的非美善制度才有希望逐漸得到遷移改進。

第十章　君子碎義逃難的補白問題：
中國傳統氣化觀型文化的新挑戰

一、君子話題的迴響

　　史傳稱許孔子「以詩書禮樂教，弟子蓋三千焉，身通六藝者七十有二人」[1]，這證諸《論語》常見有引及詩書禮樂文字可知不假。只是裏面還明白記載了孔子以「文、行、忠、信」四教，而弟子們所成就的也採德行／言語／政事／文學等名目[2]，則又可推知孔子乃以主題講說，而詩書禮樂典籍僅僅是取材的依據。這樣弟子多有困惑而屢屢請教老師有關孝、君子、為政、禮、仁、知、事鬼神、死、善人、聞行、大臣、明、崇德辨惑、友、一言興喪邦、士、好惡、恥、成人、事君、陳（兵）等等，也就可以理解了：因為那些話題幾乎是孔子首發且賦予新義，自然弟子要認真探探老師究竟給出了什麼理據。

　　當中君子話題是孔子設說最見精微的項目，它涵蓋了立義（主論）、衍論（補述）和引證（舉例）等三部分，為其他話題所難以匹敵：

　　　　子曰：「君子義以為質，禮以行之，孫以出之，信以成之，君子哉！」[3]

---

[1] 司馬遷，《史記》，臺北：鼎文書局，1979 年，頁 1938。

[2] 所謂「子以四教：文、行、忠、信」和「子曰：『從我於陳蔡者，皆不及門也。』德行：顏淵、閔子騫、冉伯牛、仲弓。言語：宰我、子貢。政事：冉有、季路。文學：子游、子夏」等可證（邢昺，《論語注疏》，十三經注疏本，臺北：藝文印書館，1982 年，頁 63、96）。

[3] 邢昺，《論語注疏》，頁 139。

子曰：「君子之於天下也，無適也，無莫也，義之與比。」[4]

子曰：「質勝文則野，文勝質則史；文質彬彬，然後君子。」[5]

子謂子產「有君子之道四焉：其行己也恭；其事上也敬；其養民也惠；其使民也義。」[6]

南宮适問於孔子曰：「羿善射，奡盪舟，俱不得其死然。禹稷躬稼而有天下。」夫子不答。南宮适出，子曰：「君子哉若人！尚德哉若人！」[7]

子曰：「⋯⋯君子哉蘧伯玉！邦有道，則仕；邦無道，則可卷而懷之。」[8]

上述第一則是立義；第二、三則是衍論；第四、五、六則是引證，充分顯示孔子從事「主題教學」的一般情況[9]。但難點也就在這裏：

---

[4] 邢昺，《論語注疏》，頁 37
[5] 邢昺，《論語注疏》，頁 54。
[6] 邢昺，《論語注疏》，頁 44。
[7] 邢昺，《論語注疏》，頁 123。
[8] 邢昺，《論語注疏》，頁 138。
[9] 孔子思想的核心「仁」，原也可以條理出這樣的論說形式，如「夫仁者，己欲立而立人，己欲達而達人，能近取譬，可謂仁之方也已」、「君子去仁，惡乎成名？君子無終食之間違仁，造次必於是，顛沛必於是」和「桓公九合諸侯，不以兵車，管仲之力也。如其仁！如其仁」等（邢昺，《論語注疏》，頁 55、36、126），就涵蓋了同等的程序；只不過那是為君子德行上契作準備且不多許給現時人（連孔子也不敢自居此境），所以它的話題性就不及論君子那樣「暢所欲言」或「易於取證」。

儘管孔子信誓旦旦或侃侃而談頗有欲罷不能的態勢，卻因為那是他一人首創的新鮮話題，資質不及或領悟力欠佳的弟子總會覺得底蘊深奧而難以契入，以至要詢問再三了。這還不打緊，比較遺憾的是，弟子們沒搞清楚狀況就胡亂或草率引來申說，而造成君子原有的賦義被七折八扣的混上了迭代的講堂，從此以「走樣」的面貌在向世人傳遞信息。因此，君子話題是得到廣大的迴響了，但有關它原先的精神意蘊卻流失了不少。

二、孔子的弟子已不能盡了君子布義

孔門中僅顏回一人好學，並且悟性特強[10]，其餘就都降等而不時要惹老師氣憤他們「欠長進」或「無所裁成」。好比《論語》所記載遭致孔子糾彈直罵的「（宰予晝寢）朽木不可雕也，糞土之牆不可杇也」、「棖也慾，焉得剛」、「由也升堂矣，未入於室也」、「師也過，商也不及」、「柴也愚，參也魯，師也辟，由也喭」和「（冉求為季氏聚財）非吾徒也，小子鳴鼓而攻之可也」等[11]，無不個個一副不討喜而彷彿沒受到教誨的樣子。這樣他們還來自詡得有師傳而要仿效立說一番（顏回因早死無從考知他將會有什麼樣的表現），那就難保不觸處留有罅隙了。

就以有師樣或能傳師道而被《論語》編者逕稱為「子」的有若和曾參二人所說過的話為例，大約可知他們無力盡了孔子對君子布

---

[10] 總結他的好學在於「不遷怒、不貳過」、「其心三月不違仁」和「一簞食，一瓢飲，在陋巷，人不堪其憂，回也不改其樂」等（邢昺，《論語注疏》，頁 51、52、53）；而他的悟性則顯現於「聞一以知十」、「於吾（孔子）言，無所不說」和「退而省其私，亦足以發」等（邢昺，《論語注疏》，頁 42、96、17），遠非其他人所能企及。

[11] 邢昺，《論語注疏》，頁 43、98。

義的一斑：

> 有子曰：「其為人也孝弟，而好犯上者鮮矣。不好犯上，而好
> 作亂者，未之有也。君子務本，本立而道生。孝弟也者，其
> 為仁之本與！」[12]

> 曾子曰：「可以託六尺之孤，可以寄百里之命，臨大節而不可
> 奪也。君子人與？君子人也！」[13]

孝弟為行仁的本初自是在理，但君子一開端就要從這裏用心，不免
略去孔子當初所設定內質義外飾禮孫信此一文質彬彬的君子型範歷
程[14]，恐怕將要先失根基而無能再行上契為仁者了。可見這是有若
的一廂情願，跟孔子苦心孤詣的立義／衍論／引證等頗不相侔。至
於曾參的闡釋但以忠（「可以託六尺之孤，可以寄百里之命，臨大節
而不可奪」僅够忠條件而已）為君子滿全的德行，那就更窄縮君子
一理的可展衍性[15]，終究有違孔子張說的精義，後人不宜就此據為
論列。

12　邢昺，《論語注疏》，頁 5。
13　邢昺，《論語注疏》，頁 71。
14　此歷程詳情，參見周慶華，〈郁郁乎文君子 VS.鄙野小人──中國傳統氣化觀型
文化的一個爭勝點〉，刊於《孔孟月刊》第 55 卷第 9、10 期，2017 年，頁 1～10。
15　君子所秉義禮孫信等德行特質，可以上契「推己及人」的仁者行列而顯現他的
可展衍性；但對於一個僅知忠於職守的人來說，就未必有這項能耐。這也就是孔
子回答子張所問一事的真義所在：「子張問曰：『令尹子文，三仕為令尹，無喜色，
三已之無慍色；舊令尹之政，必以告新令尹，何如？』子曰：『忠矣。』曰：『仁
矣乎？』曰：『未知，焉得仁？』」（邢昺，《論語注疏》，頁 44）所謂「焉得仁」，
說的不但是未及仁道，當也缺乏君子德行，想轉升還差一間。

　　類似這種不了孔子立論始元的情況，在其他弟子中也彼彼皆是。如曲解師教而侈言「大德不踰閑，小德出入可也」的子夏[16]，就率性說出「君子有三變：望之儼然，即之也溫，聽其言也厲」[17]。這是模仿孔子有過「君子道者三」、「君子有三戒」和「君子有三畏」一類的話語[18]，但他的自添儼然／也厲說卻無端多出君子帶著幾許「恐怖」形象，顯然跟沒有摻雜此類成分的原義「君子義以為質，禮以行之，孫以出之，信以成之」（見前）大相逕庭。又如尚未明瞭仁道深義或有欠仁心的子張，他的君子說也脫略了一大環節：

> 子夏之門人，問交於子張。子張曰：「子夏云何？」對曰：「子夏曰『可者與之，其不可者拒之。』」子張曰：「異乎吾所聞『君子尊賢而容眾，嘉善而矜不能』。我之大賢與，於人何所不容？我之不賢與，人將拒我，如之何其拒人也？」[19]

這「君子尊賢而容眾，嘉善而矜不能」一義（子張未定聽聞自誰），雖然比子夏所倡論「可者與之，其不可者拒之」容易淪為任由愛憎排外要正向可取，但它並沒有一併解決面對鄉愿者要如何自處的問題，畢竟孔子已經說過「鄉原（愿），德之賊也」[20]而對於君子「無適也，無莫也，義之與比」（見前）得棄利守義原則也相當在意，這都使得交友此事不能一味的「君子尊賢而容眾，嘉善而矜不能」（還要有「義」作為取捨標準）。子張的說詞，自然只合在孔子門牆外徘

---

[16] 邢昺，《論語注疏》，頁 172。按：子夏此說，明顯有「偷斤減兩」的意味，孔子可沒那般意示過。
[17] 邢昺，《論語注疏》，頁 171～172。
[18] 詳見邢昺，《論語注疏》，頁 128、149。
[19] 邢昺，《論語注疏》，頁 171
[20] 邢昺，《論語注疏》，頁 156。

徊了。

三、略後時代人又別為衍說

孔子弟子沒能盡了君子布義，這不只涉及一般人所常犯的詮釋歧出問題[21]，還有欠缺善學慎思志意也是一大關鍵。原因是「攻乎異端，斯害也已」[22]的大有人在；而一如「力不足者，中道而廢，今女畫」[23]冉求輩的又居多數；至於「中人以上，可以語上也；中人以下，不可以語上也」[24]不定等次智力堪慮的人更可能雜廁其中，這麼一來期待有「默而識之，學而不厭」[25]且能舉一反三的好古敏求者就成了莫大的奢望。

這在有心進入孔門卻又自絕於師說的人，理當要予以譴責（不宜輕易放過他們而強說些「接收有所不及」或「智解無從強求」一類刻意脫罪的話），但對旁人就難以比照辦理。也就是說，旁人沒有理由要跟隨特定一家學說去「亦步亦趨」或「永矢弗諼」，以至有所

---

[21] 現代哲學家喜歡講前理解或成見對詮釋的制約，致使詮釋歧出變成一合理的存在，這樣此地的「常犯」說就屬多餘。但又不然！仍有不少「解構詮釋」、「過度詮釋」和「詮釋衝突」等意見在穿梭迴盪，挑戰上述的觀念，從而讓有意無意背離的詮釋歧出重現受到檢視。因此，只要孔子弟子有心理易變或影響焦慮的，就會造成詮釋歧出的事實。有關上述兩造詮釋見解的差異，前者詳見海德格（Martin Heidegger），《存在與時間》（王慶節等譯），臺北：久大文化公司等，1993 年；伽達瑪（Hans-Georg Gadamer），《真理與方法》（洪漢鼎譯），北京：商務印書館，2007 年；後者詳見德希達（Jacques Derrida），《書寫與差異》（張寧譯），臺北：麥田出版社，2004 年；艾柯（Umberto Eco）等，《詮釋與過度詮釋》（王宇根譯），北京：三聯書店，1997 年；呂格爾（Paul Ricoeur），《詮釋的衝突》（林宏濤譯），臺北：桂冠圖書公司，1995 年。

[22] 邢昺，《論語注疏》，頁 18。

[23] 邢昺，《論語注疏》，頁 53。

[24] 邢昺，《論語注疏》，頁 54

[25] 邢昺，《論語注疏》，頁 60。

取則卻又別爲衍說的情況那就要當它是司空見慣，沒得誰可加以指摘訾議。縱使如此，基於學說本身的慧命延續及其能再希冀它昌皇於世的緣由，對於上述這一可能無所中的或莫知所向的別爲衍說，就得寄予深深的憾恨！

　　此地所要說的，就是君子理論從孔子弟子荒疏於播揚開始，幾乎就溟漠歛跡於歷史的扉頁，少了光大於世再振人心的機會。如此消沈，使得今人在面臨生存危機原要藉該理論資源來找尋出路的，都一逕的錯過或無所會意。這種憾恨，自然得追溯到孔子略後時代人的別爲衍說，正是它不能在孔門弟子歧出外另行奮起以展現一個可續情的君子節烈。

　　其中道家力主無爲自化、陰陽家忒多拘泥牽忌、法家稟性刻薄寡恩、名家專事名物釐析、墨家崇尚非禮右鬼、縱橫家特好詭詐棄信等等[26]，無一熱中君子志意的伸展，這自是可以理解而不妨以「見怪不怪」態度相對待。此外，就剩下儒家一系可以考索取證。由於孔門弟子已不能盡了師說而無力給君子理論添增羽翼以便翱翔，致使再傳弟子或自行私淑者契入不著也幾乎徹底中斷了對君子型範的興趣；凡有所取名敷論的，也不過是將君子跟仁者／聖人疊合演出或直驅更外理域，從此遠離孔子一場精心的謀畫。例子如：

　　　孟子曰：「君子所以異於人者，以其存心也。君子以仁存心，
　　　以禮存心。仁者愛人，有禮者敬人。愛人者人常愛之，敬人
　　　者人常敬之……」[27]

---

[26]　參見班固，《漢書》，臺北：鼎文書局，1979 年，頁 1729～1746。
[27]　孫奭，《孟子注疏》，十三經注疏本，臺北：藝文印書館，1982 年，頁 153～154。

> 君子者，天地之參也，萬物之總也，民之父母也。無君子，
> 則天地不理，禮義無統，上無君師，下無父子，夫是之謂至
> 亂。[28]

在孔子的模塑中，君子型範是比仁者型範低一級次的（仁者要能推
己及人，而君子但以文質彬彬自持），雖然他也得上契仁者為切要，
但上契後已成仁者，就不合再以君子稱呼，彼此的分際甚為明顯[29]。
然而，這個分際在孟子的說法中卻被消去了。所謂「君子以仁存心，
以禮存心」，就跟他在別處說的「君子亦仁而已矣，何必同」和「君
子所性，仁義禮智根於心」等[30]相似，都一逕以君子為仁者，這樣
就沒有必要再行標榜君子型範（直接以仁者立論就好）。而此般的混
淆更顯現在荀子的論說裏：原來君子和聖人差距兩個等次[31]，這到
了荀子那裏倏地被抹平了，他所說的「君子者，天地之參也，萬物
之總也，民之父母也」已是聖人格局[32]，名詞還在但意義（包括聖

---

[28] 王先謙，《荀子集解》，新編諸子集成本，臺北：世界書局，1978 年，頁 104。

[29] 《論語》載有「宰我問曰：『仁者雖告之曰：「井有仁焉」，其從之也？』子曰：
『何為其然也？君子可逝也，不可陷也；可欺也，不可罔也。』」（邢昺，《論語注
疏》，頁 55），僅就「有人告知」這件事，還不到仁者必須反應的階段（此時仁者
無由發出「己欲立而立人，己欲達而達人」的心理易動），所以孔子才要把宰我設
問中的仁者降低層次而改以君子該有的反應回答，可見君子／仁者並不在同一個
範疇。

[30] 孫奭，《孟子注疏》，頁 213、233。

[31] 聖人以能博施濟眾為名，比仁者的推己及人更臻上乘，這是孔子所明顯分辨（模
塑）過的：「子貢曰：『如有博施於民，而能濟眾，何如？可謂仁乎？』子曰：『何
事於仁，必也聖乎，堯舜其猶病諸！夫仁者，己欲立而立人，己欲達而達人。能
近取譬，可謂仁之方也已。』」「子曰：『聖人，吾不得而見之矣！得見君子者，斯
可矣！』」（邢昺，《論語注疏》，頁 55、63）。

[32] 這從荀子在別處說過的「君子者，法之原也」和「聖人積思慮，習偽故，以生
禮義而起法度」（王先謙，《荀子集解》，頁 151、291）等可證。

人一詞在內）卻全由他自己從新立法了。倘若以德行能否排列，那麼君子和小人就分據光譜的兩端，而仁者和聖人則是從君子端延伸出去的。如圖所示：

如今孟荀二人，一個將仁者／君子疊合；一個將聖人／君子疊合，全然喪失立名殊義的作用。可見君子一個層級已經遭到漠視、甚至被取消的命運，孔子那原先希冀大家都從比較切近的「學為君子」做起的想望再也得不到跨代實現了。又如：

湯之〈盤銘〉曰：「苟日新，日日新，又日新。」〈康誥〉曰：「作新民。」《詩》曰：「周雖舊邦，其命惟新。」是故君子無所不用其極。[33]

大哉聖人之道，洋洋乎！發育萬物，峻極于天，優優大哉……故君子尊德性而道問學，致廣大而盡精微，極高明而道中庸。[34]

君子見幾而作，不俟終日……君子知微知彰，知柔知剛，萬夫之望。[35]

---

[33] 孔穎達等，《禮記正義》，十三經注疏本，臺北：藝文印書館，1982 年，頁 984。
[34] 孔穎達等，《禮記正義》，頁 897。

跨代無能實現孔子該學為君子想望的還見於孟荀稍後如上所引〈大學〉、〈中庸〉和《易繫辭傳》的作者，他們都把君子仁者化、聖人化和神人化（而仁者／聖人／神人又都非孔子所範限及其所兼攝）。類似這般衍說，君子一義已可取消（因為那不啻是在以眾人或有心人為對象），他的「階次」功能肯定是不復見了。

　　以修德進業來說，孔子所拈出的君子是個關鍵。只有一個人先成為君子，以義（合宜）作為衡量事物的準則／注重禮儀／對人謙遜／講究信用等，在人際關係網絡中，他才能進一步知所推己及人和博施濟眾；否則常人不見此類德行而寄望他們越級成為仁者聖人（甚至那隨後所增衍知廣識多的神人），就形同是緣木求魚而杳不可得！因此，從孔子以後凡是有感於修德進業的迫切需求卻又奢為言說的，就都類此而大失「細審之明」！

四、各期歷史不再強見君子議題

　　史志曾有「昔仲尼沒而微言絕，七十子喪而大義乖」的感嘆[36]，繼而又述及「儒家者流，蓋出於司徒之官，助人君順陰陽明教化者也。游文於六經之中，留意於仁義之際，祖述堯舜，憲章文武，宗師仲尼，以重其言，於道最為高……然惑者既失精微，而辟者又隨時抑揚，違離道本，苟以譁眾取寵。後進循之，是以五經乖析，儒學□衰，此辟儒之患」[37]。這在總括上自然多有事例可證（只要詳細比對後人取義於孔子言說卻又有意無意歧出或短少會通的，就能夠知道史志所說的不假），但在較論「七十子喪而大義乖」部分反而

---

[35] 孔穎達等，《周易正義》，十三經注疏本，臺北：藝文印書館，1982 年，頁 171。

[36] 班固，《漢書》，頁 1701。

[37] 班固，《漢書》，頁 1728。

顯得頗爲疏略。因爲從文獻上來看，孔門弟子早已傳承無力，而後人的「擬義即乖」現象如果是有所稟自孔門弟子的，這咎責可要追溯到他們，才能了卻此樁公案。

不知是否源於君子設說從孔門弟子及其再傳弟子（前節所舉孟荀等人的說詞，約略都是孔門再傳弟子所授後賡續發出的）以來，就遭受無心背離或刻意淡置，致使此後各期歷史也沿例不再強見君子議題，此中緣故已無從考得。唯一可以察覺的是，頓失領屬的君子一義也跟前節所述情況相似，都被收攝到仁者聖人範域；而有所衍論的又幾乎完全不理會君子德行的所從來（好像他是自然存在一樣）。這不只見於漢魏儒者的述作，也見於宋明理學家的發微（其餘各代不重儒術的就更不用說了）。例子如：

> 先王因人之氣，而分其變以爲四選。是故三公之位，聖人之選也；三卿之位，君子之選也；三大夫之位，善人之選也。三士之位，正直之選也。[38]

> 或問「君子言則成文，動則成德，何以也？」曰：「以其弸中而彪外也。般之揮斤，羿之激矢。君子不言，言必有中也。不行，行必有稱也。」……君子不械……是以君子全其德……君子避礙則通于理……」[39]

> 夫聖賢之所美，莫美乎聰明。聰明之所貴，莫貴乎知人。知人誠智，則眾材得其序，而庶績之業興矣……是以敢依聖訓，

---

[38] 董仲舒，《春秋繁露》，增訂漢魏叢書本，臺北：大化書局，1988 年，頁 589。

[39] 揚雄，《法言》，新編諸子集成本，臺北：世界書局，1978 年，頁 37～38。

志序人物，庶以補綴遺忘。惟博識君子，裁覽其義焉。[40]

董仲舒所論，聖人自是單成一格（雖然他書裏所指的聖人已非孔子所塑義），但君子卻不明所指為何（查遍全書都不見解釋），且又旁出善人和正人攪和（難道善人和正人都不算是君子呢）。言說已如此幽眇，遑論能够付諸實踐生效？至如揚雄答問君子，不過是捃摭陳言（經過一番「換句話說」而已），並乏理則，直如一番臆說；而劉劭為自己的識人辨材書作序，凸出聖賢美在能知人，而後綴以企盼博識君子前來裁鑑取義，路數縱是一致，但已沒了德行加被（君子僅以博識賦能），所敘更顯支離，這都可見儒者不重視君子議題的一斑。又如：

> （程顥語）蠱之象，君子以振民育德。君子事惟有此二者，餘無他焉。二者，為己為人之道也。[41]

> 君子乾乾不息於誠。然必懲忿窒欲，遷善改過，而後至。乾之用其善是，損益之大莫是過，聖人之旨深哉！[42]

> 若論聖人大中至正之道，徹上徹下只是一貫，更有甚上一截下一截？「一陰一陽之謂道」，但仁者見之便謂之仁，知者見之便謂之智，百姓又日用而不知，故君子之道鮮矣。仁智豈可不謂之道，但見得偏了，便有弊病。[43]

---

40 劉劭，《人物志》，新編諸子集成本，臺北：世界書局，1978 年，頁 1～2。
41 朱熹編，《近思錄》，臺北：臺灣商務印書館，1986 年，頁 55。
42 周敦頤，《周子全書》，臺北：臺灣商務印書館，1978 年，頁 186。
43 黎明文化公司編輯部編，《王陽明傳習錄及大學問》，臺北：黎明文化公司，1988

宋明理學家功在發揚儒家學說，所擅長的心性義理早已被後人尋繹不已，只是君子議題也同樣不再爲他們所青睞；偶有觸及，則又盡如上引文字，隨意派入仁者聖人範域（程顥所拈出的「君子以振民育德」，已是仁者事業；而周敦頤限義的「君子乾乾不息於誠」，又指向聖人所能；至於王守仁的明列「君子之道」，更是無論仁聖都一起包裹了）。僅就這般荒疏於追本溯源一點來看，要說他們感興趣君子議題，那是不會有人相信的。

五、今人益顯碎義逃難的樣態

各期歷史也拋捨君子議題後，所留給今人的是一個空白難塡的影響焦慮困境，上焉者會想擺脫習氣而從新跨越去接軌早先原有的設說；下焉者則乾脆相應不理而逕爲找尋容易事項出論。後者有意避開該空白不塡，就毋須逸出給予訾議什麼了（也許那是緣於他們見少而追趕不及，訾議也無濟於事）；前者雖然志在隔代承續，起了一點昌皇的功能，但因爲僅僅是接軌而未顯切中要義且無所現前發揮（或不知怎麼發揮），以至空白塡了卻很不牢靠（猶如沒有完成此事）。倘若說影響焦慮是爲了突破舊規或再造新奇[44]，那麼上述兩組人原則上都還陷在困境中而不見實質性的心理消解。

避開空白不塡的，名副其實是在碎義逃難（未憭君子理論大可作用於現實社會）；而志在隔代承續卻將空白塡得不牢靠的，按理也

年，頁 28。

[44] 參見布魯姆（Harold Bloom），《影響的焦慮──詩歌理論》（徐文博譯），臺北：久大文化公司，1990 年；埃斯卡皮（Robert Escarpit），《文學社會學》（葉淑燕譯），臺北：遠流出版公司，1990 年；福斯特（Hal Foster）主編，《反美學：後現代文化論集》（呂健忠譯），臺北：立緒文化公司，1998 年。

沒有脫離碎義逃難的行列。理由是談論君子課題不宜僅僅著意條理它的來龍去脈為已足（何況那裏面仍摻和著有未顯切中要義的疑慮），還得有所應對當前環境而冀以相關蘊義啓迪今人才算圓滿（否則就不知道該談論有什麼意義），如今把後面這一項加以擱置或強為排除，造成大家感知或轉悟無門，這般少去有價值的牽合，也是一種碎義逃難。因此，順著本脈絡必要立顯選題優著性的潛在思慮，自然也要將此一部分帶出來檢視，並比照著予以理義上的揪舉空缺（補白問題稍後處理）。

　　大體上，今人的論說所要勉為顧全文獻而展現暢適詮解風格的（跟前人少有組織性或系統性的機遇性論式截然有別），看似仿外來規模大有嶄獲，實則仍罅隙未彌，很難以典要相看待。當中有把君子收編於士此一知識階層而示人的[45]，已不察所說顯見叢脞[46]；而能將君子區別於士的，雖然也知道君子是孔子所設定為能實踐道德的理想人物，卻不免誤信君子跟成人／仁者等同[47]，理序大為喪失，

---

[45] 舉要詳見余英時，《中國知識階層史論（古代篇）》，臺北：聯經出版公司，1984年；文崇一，《中國人的價值觀》，臺北：東大圖書公司，1989年；沈清松編，《中國人的價值觀——人文學觀點》，臺北：桂冠圖書公司，1993年。

[46] 孔子也曾提過士，但該士僅是一社會人的類型（有別於農工商那些類型），他能自我修為變成君子，但不能一開始就逕混於已有德行著身的君子。如《論語》所載：「子貢問曰：『何如斯可謂之士矣？』子曰：『行己有恥；使於四方，不辱君命，可謂士矣。』曰：『敢問其次。』曰：『宗族稱孝焉，鄉黨稱弟焉。』曰：『敢問其次。』曰：『言必信，行必果，硜硜然小人哉，抑亦可以為次矣。』曰：『今之從政者何如？』子曰：『噫！斗筲之人，何足算也！』」（邢昺，《論語注疏》，頁118）孔子對士的要求僅此但具君子部分德行（還搆不到君子的全德義禮孫信），可見士是有待轉成君子的可鍛造對象，不合將二者囫圇等同。

[47] 例子詳見柯雄文，《君子與禮：儒家美德倫理學與處理衝突的藝術》（李彥儀譯），臺北：國立臺灣大學出版中心，2017年，頁13～85。按：依孔子立論的旨意，從無德到學為有德所排列於光譜上的，約略如下圖所示而不宜混同。

馴致接續所作耙梳就溺在一堆材料裏，而孳生不了一條可以有效對諍當今外來學問盲點的理路（連自我內部言說都不能避免殽亂，可想見那進一步的規諫發微是難能形現的）。至於某些標榜「君子之道」而設題立說（如取舊詞「君子懷德」、「君子之德風」、「君子成人之美」、「君子周而不比」、「君子坦蕩蕩」、「君子中庸」、「君子有禮」、「君子不器」、「君子知恥」等以為節標）卻又僅止於泛解漫談[48]，既不見統整功力，也無能藉為勘治現今西學氾濫噬人弊病的，那就更不足論了。

　　前人談論君子縱然因無端衍說而多見空疏，但還不到有某一特殊時代背景需求於談論再啓新猷以為克服困境的問題階段，所以看著「似無大礙」就可以放它過去了。如今卻緣於外來文化凌駕致使國人忘本攀附而又找不著他途來自我安身立命，在此歧路亡羊的當口凡是知道重理早期道德智慧的人，本應要有比較銳利的眼光覷出隱憂所在而予以必要的諫諍。然而，情況卻不如想像：整體論列反而像是在指向自我弱化的虛擬樣態（即無力撐起道德使命的大纛，又不知如何對治時代的失格），只能說那是益顯累代所積存而於今仍欠補足的碎義逃難，一項人間所不可或缺的朗朗君子理論又在國人的貽誤中「失之交臂」！

　　依理所有可能的詮釋歧出是由各自先備經驗（包括意識形態／道德信念／審美能力等）不同所促成的，沒有可以相互非難的空間；但在提升知見而備有方法意識（包括類推／差異消弭／他者啓示等）的前提下，該詮釋歧出就有可能得到化解，從而保障了一種理論的

小人　　　　士　　成人　　君子
　　　　　　　　仁者　聖人

[48] 這類現象，具代表性的可見余秋雨，《君子之道》，臺北：遠見天下文化出版公司，2015年，頁24～70。

無礙流通[49]。同樣的，孔子所創設的君子理論，也因爲有我暗中發用的方法意識而著實的加以掌握，在相較於他人紛然雜陳的詮釋歧出狀態自信能够擁有一定的相互主觀性（有相同背景或相似經驗的人就會認同）。因此，條理完上述這段君子理論蒙受有意無意肢解棄守的不堪歷史後，凜於一份不可避免的文化理想（這當是任何論述成形背後帶終極性的變項），勢必要再奮力一擊而將該理論重振於世，希望它能發揮挽救舉世沈疴的作用。

六、試為補白乃中國傳統氣化觀型文化的新挑戰

由於君子理論衍變至今更見碎義逃難（不是不能詳察君子設說的重要性，就是無力將君子設說引來化解今人生存的困境），以至試爲補白在對比他務上就有相當的迫切性。這是中國傳統氣化觀型文化能否復振於世的新挑戰：一旦成功了，不僅自我文化傳統可以得到實質上的延續，並且還能够藉以救助人類擺脫日益惡化的險巇環境（從而底定中國傳統氣化觀型文化必要從新昌皇的意義和價值）。

古來可見的西方創造觀型文化、印度（佛教開啓的）緣起觀型文化和中國（傳統的）氣化觀型文化等三大體系[50]，在各自生發的時代基本上都相安無事；但當西式那一系得著便利（仿創造主對萬物的宰制）獨大且不斷向外推擴後，其他兩系就面臨強遭壓縮退卻的命運，如今不是自我屈就仍在尋隙發展（特指緣起觀型文化無奈

---

[49] 參見周慶華，《文學詮釋學》，臺北：里仁書局，2009 年，頁 48～49。

[50] 三大體系分別緣於對上帝（造物主）、佛（涅槃寂靜境界）和道（自然氣化的過程或理則）的終極信仰而制式化，彼此難可融通，也無從究本窮源（該終極信仰的差異，准用當代科普書所說的，那也許是在一場「創造力大爆炸」或「思想大爆炸」後各自形成的）。參見周慶華，《走訪哲學後花園》，臺北：三民書局，2007 年，頁 177～185。

要藉西方科技捷徑和資本主義勢頭等去傳揚圖存），就是老早便抑制自己而隨西方的一切在起舞搬弄（特指氣化觀型文化從近代被西方船堅炮利轟開國家大門後全面妥協淪落的情況），結果是養壯了創造觀型文化單系的氣燄，讓它肆無忌憚的橫掃全世界而釀成史無前例的生態大浩劫！

　　原先發軔於古希臘時代的科學和民主，一個興趣在天文學、物理學、數學和邏輯學等知識的建構，而把相關事物的存在後設追認到眾神中造物神的決斷[51]；一個致力於城邦公民自治體制的塑造（公共官員透過直接選舉、抽籤和輪流等多種方式產生）[52]，彼此都僅限於內部的構作試驗，並未擴及他方社會，只能算是創造觀型文化的雛型。後來基督教竄起，逐漸將科學和民主收攝於單一神的啟示作用，從此科學研究及其器物發明一轉變成是為了媲美上帝的能耐（兼榮耀上帝在前）；而民主體制的充實發展也被連帶推上了深凜平等受造和原罪意識必要權力分享制衡的旅程。當中又因宗教改革促成資本主義和殖民主義的興起，一場窮耗地球有限資源和支配荼毒他方社會的整體生態災難於是連緜不絕，終而顯露了定式創造觀型文化猙獰或實欠美妙的面目[53]。

　　相對的，東方的氣化觀型文化和緣起觀型文化，起因於對精氣化生萬物和合性的信念和緣起引發痛苦煩惱的認知，分別以諧和倫常自然和尋求解脫為務，從未也不可能卯上戡天役物及其殖民馴化異教徒的行程。然而，這一切本安於所處的局面，卻在創造觀型文

[51] 詳見柏拉圖（Plato），《柏拉圖理想國》（侯健譯），臺北：聯經出版公司，1989年，頁 94～95；亞里士多德（Aristotle），《形而上學》（李真譯），臺北：正中書局，1999 年，頁 9、16、452。
[52] 參見蔡東杰，《民主的全球旅程——從歐洲走向世界》，臺北：五南圖書出版公司，2009 年，頁 39。
[53] 參見周慶華，《文化治療》，臺北：五南圖書出版公司，2012 年，頁 131～153。

化左衝右突踐踏中頓失自我的領屬，轉而尾隨撿拾對方的唾餘，一起誤蹈能趨疲（entropy，熵）即將到達臨界點的末路！

　　在創造觀型文化中人興作資本主義而帶動舉世人口、金融、資訊科技和商品等流動的全球化熱潮裏，科學研究及其器物發明成了該資本主義的幫兇自無疑問，而民主政治的選舉作法受制於企業主（需要他們的財力支援）或唯恐經濟不成長（那將會導致政權旁落）更為資本主義加添羽翼，這所造成資源短缺、環境破壞汙染、地表溫度升高、旱澇不定、野生動物滅絕、冰河消失、土地沙漠化、海水變酸、臭氧層破洞和軍備競賽等負面效應，已是人類最大的夢魘（即使是信奉創造觀型文化支裔的社會主義國家，也都挺不住裁切資本主義的初衷而紛紛反向相迎，徒然深化該夢魘）。這時無法仰賴創造觀型文化另出對策以化解危機（那只會是「以水濟水，以火救火」）[54]，而得返身重拾原無所耗費不會增加地球負擔的另二種文化來救急，庶幾可望恢復世間的平衡。當中又以氣化觀型文化中的君子作務最足夠藉為緩和這種危機（緣起觀型文化因不務世事而難可汲取支應）：它以先成有德的君子，然後才跟用世連結，施行「推己及人」和「博施濟眾」式的仁政以成就王道（該博施濟眾僅是將現有資源運用於救貧濟困，跟西方資本主義內隱功利思想為促成社會整體福份無限增加的一面截然有別），從而保障了政治的清明、民心的歸向和萬物的和諧等效益，一道營造出一個可能的大同社會。

---

[54] 當今為資本主義找解方的，不論是想要以綠經濟代替（這實際也是耗能的）還是別作均富打算的，都不免於此一深化災難模式。有關這類見解，可見普倫德（John Plender），《資本主義：金錢、道德與市場》（陳儀譯），臺北：聯經出版公司，2017年；萊克（Robert B. Reich），《拯救資本主義：在大翻轉年代，照顧多數人的福利，不是少數者的財富》（周徵譯），臺北：聯經出版公司，2017年；赫爾曼（ULRIKE HERRMANN），《資本主義的世界史：財富那裏來？經濟成長、貨幣與危機的歷史》（賴雅靜譯），新北：遠足文化公司，2018年。

　　只要謹守這個信念，無論現存習取的是什麼樣的政治模式，諒必也都能夠加以扭轉而向良性方面伸展，直到改造成最合適的體制為止。由於這一理想還有待努力實現，所以如上述試為補白也就成了中國傳統氣化觀型文化的新挑戰：不許失敗；否則大家得繼續深陷生態劫難中終至覆滅！

附錄：向能趨疲告別
──儒道哲學介入摶造後全球化時代生態觀的旅程

一、生態已經大亮紅燈

　　經過學者相關生態論述的發微，生態已由早期所指植物和環境的相互關係，擴展到現代包含動物／人和環境的相互關係[1]。這一轉折的重大意義，在於作為生態一環的人類如今卻成了破壞生態的元兇，所不免於自我作賤和自我摧殘的矛盾諷刺性，如何也難以擺脫應有的罪責；即使不然（也就是人類仍可以在理論上跟生態相隔離），但遭受破壞的生態卻也不可能中斷對人類的反噬，吃虧的還是人類自己。

　　原來生態從個體到羣落到生態系環環相扣中，因為受密度依賴和環境維持能力等制約[2]，可以保有相當程度的秩序平衡；但這一切在人力介入強為改變後，整個由「氣流、水循環、陽光和光合作用、固氮作用、分解細菌、真菌、臭氧層、食物鏈、昆蟲授粉、土壤、蚯蚓、氣象、海洋和遺傳物質」等所共構的生態背景[3]，就會開始錯亂、甚至崩毀，而人類則還活在當中，以至於也得自我嚐受生存窘迫和無處家園等苦果！

---

[1] 參見張鏡湖等，《環境與生態》，臺北：中國文化大學出版社，2002 年；朱錦忠，《環境生態學》，臺北：新文京開發出版公司，2003 年；岳友熙，《生態環境美學》，北京：人民出版社，2007 年。

[2] 參見歐文（Denis Owen），《生態學的第一堂課》（蔡伸章譯），臺北：書泉出版社，2006 年，頁 89～109。

[3] 參見羅斯頓三世（Holmes Rolston, Ⅲ），《環境倫理學：對自然界的義務與自然界的價值》（王瑞香譯），臺北：國立編譯館，1996 年，頁 4。

　　這幅困頓圖，實際上人類自己已經給它繪得密密實實了：地球這一原本還算美好的星球，現在綠洲一點一滴地消失而沙漠日漸蔓延、因為燃燒化石燃料使得地球升溫將近一度、南北極冰層隨著溫度攀升一直在緩慢融解中、許多河川的流量遽減和廣大冰原迅速的消退、熱帶地區的風暴威力更強大和海水由於人類的高排碳量而變酸了三成等，導致全球性的大災難隨時可能會發生[4]。還有每天都有大量的農藥、化肥、細菌、醫療廢棄物、化學物質和放射性物質等，從成千上萬的工廠、大農場和都市水排放等滲透進眾人飲用的水源；工業廢氣中硫和氮的氧化物溶解於水中形成酸雨，酸雨落下後將地表水酸化，可能殺死湖泊和生活在裏面的所有生物；洩漏的汽油灌和汙水池、城市垃圾場、飼養家禽家畜的排泄物、礦井殘渣、化糞池破裂、原油洩漏、農藥殘餘，甚至清除道路積雪所用的鹽粒等，在在都可能引起地下水汙染[5]。光這兩張地表質變和環境汙染的地圖，就足以顯示一個千瘡百孔且危機四伏的世界已在大家的眼前展布，而它就是人類自作孽添加的。

　　更有甚者，人類為了促進工商業的繁榮，而大興土木來擴充都市的規模及周邊設備（如工廠、科技園區、物流中心、發電廠、水庫和農漁牧專區等）以便容納更多勞務和消費人口，以及所有的資訊、交通、政務、國防、教育、醫療、社會福利、日常用品和娛樂等部署充實，這時所仰賴的資源就得無止盡需索於日漸貧瘠的地球，以至我們會發現這是人類另一個夢魘的開始，因為地球可用的資源就快被耗盡了。正如有人所統計的，預估到 2040 年，油源就一

---

[4]　參見麥奇本（Bill Mckibben），《地球．地球：如何在質變的地球上生存？》（曾育慧譯），臺北：高寶國際公司，2011 年，頁 21～73。
[5]　參見巴洛（Maude Barlow），《水資源戰爭：揭露跨國企業壟斷世界水資源的真實內幕》（張岳等譯），臺北：高寶國際公司，2011 年，頁 88～89。

滴不剩了。還有其他原物料也正邁向絕對頂點，如銻、銦、鉛、銀、鉭、錫和鈾會在一、二十年後告罄；而鉻、銅和鋅不到四十年就會用完，鎳和鉑將緊接在後[6]。但現今全球化的假遠景卻還在經濟面上不斷地以供給刺激或誘惑需求，而造成所有人要被迫去承攬那個實體跟地球一起毀滅的惡夢。

此外，為了因應人口遽增（如今已高達七十幾億）所短缺的糧食，畜牧業者所改以增加畜牧的策略，除了動物排泄物產生大量甲烷一併促成溫室效應的惡化，有關它快速激生的養殖方式也禍延縣渺。當中以狂牛症及其轉移到人類身上的變異型賈庫氏症為最，它就是工業化糧食體系的產物。換句話說，為了增加飼料中的動物性蛋白質（好讓牛隻快速增肥），業主在飼料中添加肉和骨粉；牲畜被宰殺後，導致狂牛症的傳染性蛋白質仍可存活很久；而牛隻身上有傳染病的部位又經循環成動物飼料，進入牲畜的肚子，直到人類發現這種傳染病，但這時要阻止它在牛隻和人類身上造成的傷害已經來不及了[7]。這在論者實證所掀揭的內幕，早已讓人看得膽顫心驚[8]！更別說許多科技大國投入搶奪食物供應的主導權，不惜壟斷糧食的種植、改造、加工、添加劑、運送和配銷等流程，儼然是一場逐漸在升溫的世界大戰的開打[9]，尤為令人徒增震撼和感傷！其實，還有農業殘害和工業汙染等正在一點一滴的侵蝕整個糧食系統，益發引人驚悚不已，使得有關數量的匱乏延伸到不堪食用的匱乏，而這點

---

[6] 參見李柏（Stephen Leeb），《石油玩完了》（林錦慧等譯），臺北：時報文化出版公司，2009 年，頁 42～46。

[7] 參見帕特爾（Raj Patel），《糧食戰爭》（葉家興等譯），臺北：高寶國際公司，2009年，頁 369～370。

[8] 詳見李曼（Howard F. Lyman）等，《紅色牧人的綠色旅程》（陳師蘭譯），臺北：柿子文化公司，2010 年。

[9] 參見巴金漢（Susan Buckingham）等，《理解環境議題》（蔡依舫譯），臺北：韋伯文化國際出版公司，2010 年，頁 169～207。

人類再也沒有能力找出有效的解決辦法；更何況這裏面還摻雜著難以計數的各種添加物、人工色素、假冒產品、摻水加料的飲品、違禁替代物、有毒物質和品質低劣的產品等充斥市場[10]，顯然要對治人類自己這種喪心病狂的行為，就更不知對策何在了。

至於以核能發電來減少燃煤汙染（會產生劇毒的汞），以及闢建水庫和汲取地下水以供應龐大的民生用水、工業用水、農業用水和新興產業用水（如汽車業和電子業用水等），但前者的核能外洩疑慮和核廢料無處存放以及對生態所釀成難可估算的恆久性傷害等問題卻跟著深深地困擾著人類；而後者所不慮無能阻絕的危殆又更繁雜全面了（如前面所述），這還未包括現今世界有三十多個國家正面臨嚴重缺水的問題和超過十億人無法得到乾淨的飲水以及將近三十億人沒有公共衛生設施等，可能引發另一場疾疫傳染的大災難[11]！可見從食物汙染到空氣汙染到水汙染等，人類早已「無所逃於天地之間」，而大家卻還矇然無知的做著「明天會更好」的美夢。

很明顯生態已因人為的踐踏破壞大亮紅燈，而反過來警示著人類自己的物質生活越後越缺乏保障；再加上周遭環境無處不見陷阱，致使在缺乏保障中又增添一層莫名的恐慌。尤其當今人口大多集中在都會區，大家命都懸在空中，駭怕斷水、斷電、空汙、塞車、糧食不濟、通貨膨脹、傳染病流行、強震樓塌和鄰國飛彈威脅等，無時不處在危疑震盪的凝重氣氛裏而難能展顏歡笑！

二、警示危機背後的癥結與人謀不臧

---

[10] 詳見威爾森（Bee Wilson），《美味詐欺：黑心食品三百年》（周繼嵐譯），新北：八旗文化公司，2012 年。

[11] 參見巴洛等，《水資源戰爭：揭露跨國企業壟斷世界水資源的真實內幕》，頁 84。

　　如此看來，生態失衡毀敗所給人類的反噬，不啻已到了見骨階段。倘若再不知節制而予以緩和救渡，那麼人類勢必就要同歸於盡而恐怕連屍骨也終將無存了。這是從可以預見的熱力學第二定律能趨疲（entropy，熵）所推得的。該定律指質能不能互換；人類如果持續耗能，最後會迫使不可再生能量趨於飽和而讓地球陷於一片死寂（屆時人類自然也無法獨存）。雖然依照熱力學第一定律質能不滅的觀念，可以在某種程度上保障地球這一幾近封閉系統免於資源匱乏，但根據熱力學第二定律所示卻又令人擔憂質能無從轉換臨界點的來臨。因此，從新凜於能趨疲的威脅而減少使用資源，也就成了人類想在地球長久存活的不二法門。

　　然而，現有種種涉及能趨疲危機的警示，卻都像似鬆弛的彈簧，始終緊勒不起來。好比人類智慧的扭曲就一直在持續中而不願減緩。所謂「經濟活動是人為文化之一，從大自然中『增加價值』……（但）經濟活動把廢物推給環境，使熵增加。日復一日，累積在環境中的惡因變成惡果，可惜這些都不在傳統經濟學的演算之內」[12]，這就是人類失策的後果，異化智慧來徒使自己深陷在不可再生能量趨於飽的危殆裏。

　　又好比人類超動物性掠奪的猙獰也無時或已而加劇上述能趨疲的危機（全然沒從這裏得到教訓）。所謂「為了爭奪對世界資源和能源的控制權，從而導致了兩次世界大戰的爆發。第二次世界大戰以後，兩個超極大國之間為了爭奪世界資源及能源的控制權，持續了四十多年的冷戰。中東的石油、南部非洲豐富的黃金／金剛石及其他礦產、薩伊的銅礦……都成為超級大國爭奪的對象，引發了一次

---

[12] 麥克邁克爾（Tony McMichael），《人類浩劫——失衡生態的反噬》（王新雨譯），臺北：臺灣商務印書館，2007 年，頁 322。

又一次的局部戰爭……世界也永無安寧之日」[13]，這種超越一般動物赤裸裸搶奪資源（涵蓋能源）的行為，早已讓人類的面目可鄙到了極點，從此更不敢想像何處可以安身。

又好比人類所想出化解能趨疲危機的對策卻都是只會深化該危機而沒有任何遠景可說。所謂「（在美國）跨政府氣候變遷小組於2007 年的報告……北極冰層正以令人難以想像的速度融化，海平面逐漸上升……人類破壞地球的速度，遠超過我們讓地球獲得新生的速度。死亡海域迅速激增，農地變沙漠。生物多樣性在逐漸減少，我們正進入第六次的物種大滅絕」[14]，照理這類溫室效應、嚴重污染和回不去伊甸園[15]等後遺症，就像定時炸彈隨時會引爆而將禍害無窮；但總觀從前面資源枯竭、環境惡化到此地生態失衡一系列的弊病，人類所設想的卻儘是以尋找替代能源或開發新能源以及透過綠色經濟和保育等策略來希冀平復奏效[16]，殊不知它只有一條不再強為支取以便回復生態舊觀途徑可以考慮，此外所有的轉向救濟或別為興利都無濟於事[17]。

---

[13] 唐風，《新能源戰爭》，臺北：大地出版社，2009 年，頁 14～15。

[14] 修爾（Juliet B. Schor），《新富餘：人類未來 20 年的生活新路徑》（陳琇玲譯），臺北：商周出版社，2010 年，頁 16～18。

[15] 柏狄克（Alan Burdick），《回不去的伊甸園──直擊生物多樣性的危機》（林玲俐譯），臺北：商周出版社，2008 年，頁 306～337。

[16] 詳見康斯勒（James H. Kunstler），《沒有石油的明天：能源枯竭的全球化衝擊》（郭恆祺譯），臺北：商周出版社，2007 年；凡得來恩（Sim Van der Ryn）等，《生態設計學：讓地球永續的創意法則》（郭彥銘譯），臺北：馬可孛羅文化公司，2009 年；山德勒（Auden Schendler），《綠能經濟學──企業與環境雙贏法則》（洪世民譯），臺北：繁星多媒體公司，2010 年；麥考爾（Joel Makower），《綠經濟：提升獲利的綠色企業策略》（曾沁音譯），臺北：麥格羅‧希爾國際公司，2010 年；卡洛普（Fred Krupp）等，《大契機：21 世紀綠能新經濟》（黎湛平譯），新北：木馬文化公司，2010 年。

[17] 參見周慶華，《生態災難與靈療》，臺北：五南圖書出版公司，2011 年，頁 44～46。

　　這寓含著此中有警示危機背後的癥結和人謀不臧等問題迫切需要解決。也就是說,當今生態所以會儘見臭氧層破洞、溫室效應、酸雨危害、熱帶雨林減少、土地沙漠化、野生動物瀕臨絕種、海洋汙染和有害廢棄物等現象,全是跟西方人所興作帶動的資本主義有關;而要談解除此生態危機,就得從對治資本主義開始。這種對治,釜底抽薪就在緩和或摘去那裏頭所見深重的「原罪」信仰。

　　原來西方創造觀型文化還在草創階段是沒有原罪觀念的,它都歸結為基督教獨立自希伯來宗教(猶太教)為廣招徠信徒而新加入的[18]。因為原罪教條的強為訂定,所以導致必須尋求救贖(以便重回天堂)而出現明顯的「塵世急迫感」。這種急迫感的積重難返,就是到了十六世紀宗教改革後新教徒(並一起刺激帶動舊教徒)相關反應的逾量表現:新教徒脫離天主教教會後所強調的「因信稱義」觀念,逐漸演變成要以在塵世累積財富和創造發明(包含科學、哲學、文學和藝術等的建樹翻新)來榮耀上帝或當作特能仰體上帝造人「賜給他無窮潛能」的旨意而不免會躁急蹙迫;尤其在資本主義和殖民主義隨著矯為成形後,更見這種過度的煩憂[19]。此外,對新教徒來說,在他們漸次締造現世巨大成就以及武力殖民取得效益後又連帶的孳生出「優選觀」[20];而這一觀念既然定型了,相伴的殖民災難就隨後更為四處蔓延,一直到現在都不見終止(過去是靠軍事力量殖民他人,如今則是靠政治、經濟、社會和科技的優勢殖民

---

[18]　參見周慶華,《新時代的宗教》,臺北:揚智文化公司,1999年,頁207～221。
[19]　參見周慶華,《靈異學》,臺北:洪葉文化公司,2006年,頁250。按:長期以來,殖民主義都在跟資本主義「狼狽為奸」,有時是為了掠奪他方世界的資源以便維持資本主義獲利的運作;有時則是為了兼行教化他方世界中人希冀減少自我遂行懺罪目的的阻力。
[20]　詳見韋伯(Max Weber),《新教倫理與資本主義精神》(于曉等譯),臺北:谷風出版社,1988年。

他人）！

　　至如人口過多而釀成必須耗能的問題，應該也是資本主義（及其殖民主義從中「洗腦」）所直接間接鼓勵的。換句話說，如果不是資本主義不斷地營造高度物質享受的環境，也不致會有那麼多人被誘引生育而來增加啃食地球的人口，從而造成上述那些難以挽回的弊端[21]。因此，跟非西方世界中人被鼓動起來的盲目耗能舉措軋在一起，早先的原罪信仰癥結和誤入資本主義興作般的人謀不臧，就這樣有著同化催熟的條件而極大化了。致使不逆反原無此一系列紛然自作孽的境地，所有生態危機也就勢必沒有化解的一天。

三、推進到後全球化時代來想解決的對策

　　即使以資本主義的一偏締造物質福分來說，事實上全世界大多數人也只是乾巴巴的看著自己被帶到臺下卻無緣取得臺上豐盈的物品：「世界上有三分之二的人口生活在貧窮中……許多人生病，而且深受缺乏卡路里和蛋白質之苦……這些國家的絕大多數人似乎永遠沒有機會享受工業化的成果。」[22]這顯示了資本主義的另一面：獨厚有能力興作的一方；至於沒有能力興作的一方，就只好淪為次等奴工，始終疲於供養那些有神性光環加被的少數人。因此，為了平衡生態起見，削弱資本主義，一併減少被無謂誘引的人口，以及揪舉咎責背後原罪信仰促其必要鬆懈或棄捨，也就成了所得繼起的新生態觀的核心指標。

---

[21] 參見周慶華，《生態災難與靈療》，頁 51。
[22] 歐文，《生態學的第一堂課》，頁 328。

　　換個角度看，一般所謂的平衡生態說，約有三種情況：第一是物質和能量循環結構的平衡；第二是各成分和因素之間調節功能的平衡；第三是生態環境和生物之間輸出和輸入的平衡[23]。當今的生態失衡是將這三種情況一起體現變異的。這就要怪罪表面可見的資本主義（內裏還是那原罪信仰）把全世界帶到耗能、壞物和需索無度上。而它所隱含的殘忍心態和猙獰面目，就是生態繼續失衡的催化劑。前者（指殘忍心態），是指那些帶動資本主義的人，只求自己致富以顯明在世成就而冀望榮耀上帝後優先被救贖重回天堂，根本不在意塵世已經變得多麼不堪！因為在他們的傳統教示裏，塵世的歷史是有它確切的起始和結束的，真正有價值的東西僅存於上帝所在的地方；這種強調他世的說法，必然導致他們對今世物質世界的罔顧、甚至無度的榨取，而助長生態的破壞和資源的消耗。此外，該教示所刻意透露的「支配萬物」觀念，也一直被他們利用來作為殘酷地操縱及窮索自然的理據[24]。顯然苛刻對待地球，早已鑄成他們的本性。

　　後者（指猙獰面目），是指那些已自攢資本主義好處的人，不可能讓別人分享：「當我們留意一下，今天一個富裕國家的人能坐在彩色電視機前，看到其他人挨餓至死時，人在生態上的不平等就成為尖銳的焦點……歐洲人和北美洲人是一個相信世界資源是在那裏供人利用的文化裏被教養出來的。」[25]更可議的是，當別人警覺到「不能落後」而想急起直追時，他們就反向圍堵而試圖鞏固自己的霸權[26]。這種只准自己享受得救而不許別人看齊分沾的作法，無異

---

[23] 參見王勤田，《生態文化》，臺北：揚智文化公司，1995 年，頁 5。

[24] 參見雷夫金（Jeremy Rifkin），《能趨疲：新世界觀——二十一世紀人類文明的新曙光》（蔡伸章譯），臺北：志文出版社，1988 年，頁 355～361。

[25] 歐文，《生態學的第一堂課》，頁 328～329。

[26] 詳見杭士基（Noam Chomsky）著、巴薩米安（David Barsamian）訪談，《美國

窮兇極惡的歹徒行徑。

　　如今這一只少數人口獨佔的豐厚物質成果[27]，卻要透過全球化更讓他們予取予求而維持福分享受於不墜。所謂「現代世界秩序的歷史可以被視為西方資本主義強權們瓜分利益的歷史」[28]，這所搬演的，就是西方強權們先後爭奪宰制全局，而讓非西方世界的人完全被動在跟隨起舞：「全球化是歐洲文化經由移民、殖民和文化模仿而擴張到世界各地的直接結果，而它深入文化和政治領域的支脈在本質上也跟資本主義的發展形態相同。」[29]因此，全球化就是一個光譜兩端的權益分立：「對某些人來說，全球化意味著自由；然而對另一些人來說，全球化卻有如監獄。有的人認為它帶來榮景；也有的人認為它對發展中國家的貧窮難辭其咎。」[30]至於中間地帶的次主動者，最後都要臣服於資本主義以圖謀被零賞的幸福，而使得全球化的氣焰聯類高漲！

　　雖然如此，資本主義全球化所帶來的支配過盛和貽害深遠的生態浩劫，卻是人類的最大噩夢。而要解除這個噩夢，就再也沒有比恐懼全球化和徹底反資本主義更有效了。如果能徹底反資本主義，

說了算：談論世局變化中的美國強權》（李中文譯），臺北：博雅書屋公司，2010年；賈勒德納（Juan P. Cardenal）等，《中國悄悄佔領全世界》（譚家瑜譯），臺北：聯經出版公司，2013年；小高（Marte K. Galtung）等，《被扭曲的中國：誤導全世界的49個迷思》（吳國卿譯），臺北：聯經出版公司，2016年。

[27] 詳見葛馬萬（Pankaj Ghemawat），《$\frac{1}{10}$ 與4之間：半全球化時代》（胡瑋珊譯），臺北：大塊文化出版公司，2009年。

[28] 赫爾德（David Held）等，《全球化與反全球化》（林佑聖等譯），臺北：弘智文化公司，2005年，頁11。

[29] 華特斯（Malcolm Waters），《全球化》（徐偉傑譯），臺北：弘智文化公司，2000年，頁5。

[30] 史旭瑞特（Tony Schirato）等，《全球化觀念與未來》（游美齡等譯），新北：韋伯文化國際公司，2009年，頁2。

那麼恐懼全球化的戒惕性也會跟著提升。於是站在全人類未來生存的立場，勢必要跟全球化／資本主義決裂而反對到底。這種反對，一方面是針對非西方世界的盲目屈從（或有意的隨波逐流）[31]。縱使這仍難以撼動那背後的原罪信仰，但只要能反資本主義成功（普遍不妥協），就有可能進一步從新扭轉該信仰的向度，而讓它往比較合理的途徑去伸展。

這時就可以把時序推進到後全球化時代，將以實質反全球化為名的新生態觀形塑完成，並且作為串聯全人類踐履隊伍的指導原則。這樣在以強調方法論意義和價值的「後」學上[32]，所能自我顯現的理論建高化（有助於被普遍接受），自然就足夠用來區別當今也有的反全球化聲浪（有一部分還來自西方）[33]，因為那不是只就全球化的「全球」性名不副實予以質疑，便是僅就強權藉機籠絡收編他國的行徑予以撻伐，終究只是一股潛制衡的勢力，依舊無法抵抗日漸加劇的全球化浪潮。畢竟在整體經濟還沒到立即性的崩盤以前，全球性的人口、金融、資訊科技和商品等的流動現象仍會以「騎虎難下」的姿態苟延下去，直到能趨疲的臨界點出現為止。很明顯現有的反全球化是乏效的，我們當真要拯救地球，就得是全面性的唾棄全球化而進入大家共謀未來出路的後全球化時代。

四、中國傳統儒道綰諧式哲學很可以提供有效的資源

---

[31] 參見周慶華，《生態災難與靈療》，頁 52～54。

[32] 參見渥厄（Patricia Waugh），《後設小說——自我意識小說的理論與實踐》（錢競等譯），臺北：駱駝出版社，1995 年，頁 3～4。

[33] 參見周慶華，《反全球化的新語境》，臺北：秀威資訊科技公司，2010 年，頁 7～19。

　　根據上述，生態浩劫乃直接源於西方資本主義（及其內蘊的原罪意識）所帶動的全球化而迫使舉世參與耗用資源所造成的；大家不反資本主義，就拯救不了地球。因此，新的解決途徑，就在從恐懼全球化出發，徹底反資本主義，並使相關議題往前推到後全球化時代生態觀的層次。而這一點，顯然是要以「在地思考」爲整體反資本主義的機動策略，而無法奢望所有人類在同時間都反轉來共襄盛舉，因爲已經享盡好處的資本主義強權是不大可能應和而立即調整方向的。

　　反資本主義，在現實上就只能這樣從在地的不跟資本主義起舞或急流勇退的自資本主義氛圍中抽身，讓資本主義無以致用而逐漸削減它的影響力，最後就可能回復無有資本主義的時代。這種在地思考所要面對的「分一杯羹」無望的困境或被邊緣化而從此短少競爭力，看來像是反資本主義所衍生的新問題，但不這樣大家就會同蹈能趨疲的不歸路；因此比較原先所存在會走向滅絕的問題，後面這項可以保障某種程度的生存明顯是最輕微的。

　　再說資本主義背後所隱藏的邏輯，原是西方人要藉以顯示在塵世的成就而圓滿一己的宗教信念，但當它越演越烈到不可止遏的地步後，他們就會豁出去而不顧一切，並且把別人拖下水一起承擔敗事的後果。此外，由於西方人所具強勢主導性不是他方世界可以併比，以至他們就反過來自我膨脹爲上帝第二[34]，不斷地羼雜在殖民行爲中而高高在上的宰制著別人。在這一情況下，非西方世界中人倘若不自我奮起，那麼就只能永遠奴事而撿拾對方的殘餘，這樣還有什麼光彩可說？於是反資本主義，也就反尊嚴掃地以及對必要自主前途的覺悟！

---

[34] 參見尼布爾（Reinhold Niebuhr），《基督教倫理學詮釋》（關勝渝等譯），臺北：桂冠圖書公司，1992 年，頁 58。

　　另外，從資本主義的表面病症來看，它以自由貿易為名，強迫大家消費且不停供需，終究是為成就西方人致富而獲得上帝救贖的榮耀；非西方世界中人無同樣信仰而莫名其妙被捲進去參與窮耗資源的行列，到頭來卻只是待宰的羔羊，完全成了人家跨國企業的犧牲品。現在緣於全球化耗能快速、生態危機嚴重，西方人又想出綠色經濟來唬弄人，自己仍穩穩操縱著資本主義的進程，而相關的浩劫卻反要非西方世界中人一起來共業承受[35]。所以說該綠色企業仍然改變不了生態浩劫的延續，主要是那種偽裝式的綠能思維還是強調再利用和開發新能源（而不是從根源上杜絕），對於已經千瘡百孔的地球根本無能修補；況且為了開發新能源，還得投入更多的人力、物力和財力等，只會迫使地球繼續邁向不可再生能量趨於飽和的臨界點，大家的生存權依舊備受威脅。因此，只要資本主義存在一天，這個世界就休想有可以恆久託負的希望。

　　如此一來，終結於一個在地思考，就是建立在「苟活未必比不活好→從每一個在地反資本主義而定點串聯→讓資本主義無處作用而自動斂跡」的新邏輯基礎上。它的必要減少人口以棄絕對資源的大量依賴，則可以從「自然退出」和「教育啟導」雙管齊下讓生靈緩著趕來或重返現實界湊熱鬧；這是一個不再有可以美好想望的世界，大家不必為著倖得奢華生活而汲汲於奔赴，從此真的各安所住，讓世界少去擁擠和得以喘息[36]！

---

[35] 詳見萊特（Ronald Wright），《失控的進步》（達娃譯），臺北：野人文化公司，2007 年；波拉克（Henry Pollack），《無冰的世界》（呂孟娟譯），臺北：日月文化出版公司，2010 年；高曼（Daniel Goleman），《綠色 EQ》（張美惠譯），臺北：時報文化出版公司，2010 年；涅索托（Nicole Gnesotto）等，《2025 年，你的世界會是什麼樣子？》（范煒煒譯），臺北：高寶國際公司，2012 年。

[36] 參見周慶華，《生態災難與靈療》，頁 56～57。

此刻所需要引爲塡補可能的思想空缺，就再也無從另對西方世界有所乞靈（那只會「以水濟水，以火救火」），而得改向完全不務創造觀型文化那一套觀念的東方儒道哲學或佛教哲學來支取因應。尤其是儒道哲學（佛教哲學以指示解脫爲宗旨，比較短少於排解世事的紛爭，還不算是可優先借重的對象）[37]，它以推己及人的仁道（如「夫仁者，己欲立而立人，己欲達而達人」[38]）和跟萬物共生的道道（如「天地與我並生，而萬物與我為一」[39]）爲核心，總提了中國傳統氣化觀型文化鮮明的縉結人情／諧和自然特長，它在近代歷經一百多年被壓抑而潛藏於密後已經足以透顯最有希望重振來矯治西方那一強爲挑戰自然／媲美上帝的創造觀型文化質性[40]。因此，配合著凜於能趨疲危機而從新採取儒道這種縉諧式的觀念作爲，生態的崩毀速度庶幾可以減緩，而人類自取滅亡的噩夢自然也可以得著紓解。

五、新生態觀將是一段強力逆反能趨疲的旅程

有些西方人明知道這個世界早已面目全非（持續使用煤、石油和天然氣等化石燃料而造成全球暖化破壞越來越嚴重）[41]，也終於知道資本主義是萬惡的根源[42]，同時還能明確歸結出現今世界的幾

---

[37] 參見周慶華，《走上學術這條不歸路》，新北：生智文化公司，2016 年，頁 61～64。

[38] 邢昺，《論語注疏》，十三經注疏本，臺北：藝文印書館，1982 年，頁 55。

[39] 王先謙，《莊子集解》，新編諸子集成本，臺北：世界書局，1978 年，頁 13。

[40] 參見周慶華，《文化治療》，臺北：五南圖書出版公司，2012 年，頁 119～224。

[41] 詳見歐蕾斯柯斯（Naomi Oreskes）等，《西方文明的崩潰：氣候變遷，人類會有怎樣的未來？》（陳正芬譯），臺北：經濟新潮社，2016 年。

[42] 詳見普倫德（John Plender），《資本主義：金錢、道德與市場》（陳儀譯），臺北：聯經出版公司，2017 年；盧米斯（Erik Loomis），《外包災難：揭穿大剝削時代商

大界限（包括地表溫度升高、生物多樣性消失、森林砍伐、生物地
理化學循環、海水酸化、淡水不足、大氣微粒增加、新物質引進的
危害和臭氧層破洞等）[43]；但接著所想及的對策卻都不出前面所述
再利用和開發新能源那一變相資本主義的方案，終究只會將人類繼
續引向日漸深化的能趨疲末路。

　　可見想要告別能趨疲的威脅，除了讓儒道哲學介入來搏造後全
球化時代的生態觀，似乎就再也找不出更合理有效的辦法了。這一
新生態觀，無疑的將是一段強力逆反能趨疲的旅程。它所得搭配的，
除去信守儒道哲學以為抗衡資本主義的悖謬行動，還不妨衍為發展
強化災難靈異觀和開啟新的靈療觀等，以便能夠更顯力道。

　　在強化災難靈異觀方面，歷來有關災難的判定，常被「自然」
化或「物理」化，而忽略它跟靈界的連結而不為無意性。它的種類
多，乃是為平衡生態所採取的手段不同，人間儼然是靈界的試煉場
域。在這個場域裏，死亡成了災難最深的見證；而當中又有慢速死
亡的潛在性災難在拖長試煉，更具警惕意味！但一般的解釋都僅止
於人謀不臧或神鬼作怪，殊不知它是靈界為回歸秩序化所作的調
整，災難種類多及死亡多樣化，所代表的是靈界的對策「多管齊下」，
為的是因應靈界分項負責者的不同能耐。因此，循著災難必現靈異
的理路，可以構設出一套災難靈異觀，讓大家更知警覺，而不再輕
易蹂躪糟蹋地球。

品與服務背後的真相，透視資本詭計的高 CP 值迷思》（陳義仁譯），臺北：漫遊
者文化出版公司，2017 年；包曼（Zygmunt Bauman），《廢棄社會：過剩消費、無
用人口，我們都將淪為現代化的報廢物》（谷蕾等譯），臺北：麥田出版社，2018
年。
[43] 詳見佛里曼（Thomas L. Friedman），《謝謝你遲到了：一個樂觀主義者在加速
時代的繁榮指引》（廖月娟等譯），臺北：遠見天下文化出版公司，2017 年。

在開啟新靈療觀方面，已知宗教上所見的舊靈療以撫慰受傷殘的靈體和協商索討者去執或力勸當事人對外靈的寬恕（前者是中式的；後者是西式的），效果普通，甚至鮮見真正的療癒案例。它除了不懂靈靈互涉或靈靈互楨的輪迴潛因，而且還低估了靈體互有質差的重要性，以至經常事倍功半。如今倘若大家覺得靈療還有存在的空間，那麼它勢必是啟靈式的，以強化靈體對「相敬兩安」、「無求自高」、「修養護體」和「練才全身」等策略的深切體認，才有辦法逐漸扭轉他者靈療為自我靈療，而取得雖然弱勢卻是強者的存在優勢；進而以此新靈療觀開啟緩和輪迴壓力（別競相奔赴負荷過重的地球），以及特能因應能趨疲危機的稀罕新遠景[44]。

倘若大家不思此途，那麼有人所預測的九種地球毀滅下場（包括小行星／彗星的撞擊、太陽磁爆、超新星的暴怒、宇宙噴灯／伽馬射線爆發、黑洞吸入、外星人襲擊、太陽死滅、巨大銀河幽靈吞噬和宇宙大爆炸等）[45]，就得再安上地球人棄力自毀這一項，而它恐怕要比前者更有被目睹親歷的可能。所謂「天作孽，猶可違；自作孽，不可活」[46]，依照這個古訓，我們可以想像當那些「外力」還未必會發生時，人類可能已經在無止盡的「內爆」中隨著地球陷於一片死寂而殞命！

---

[44] 參見周慶華，《生態災難與靈療》，頁 127～143、191～208。

[45] 詳見布雷特（Philip Plait），《世界末日的九種可能》（李志濤等譯），臺北：五南圖書出版公司，2016 年。

[46] 孫奭，《孟子注疏》，十三經注疏本，臺北：藝文印書館，1982 年，頁 63。

參考文獻

子璿集，《楞嚴經》，《大正藏》卷 39，臺北：新文豐出版公司，1974年。

小暮陽三，《圖解基礎相對論》（劉麗鳳譯），新北：世茂出版社，2002年。

孔穎達等，《毛詩正義》，十三經注疏本，臺北：藝文印書館，1982年。

孔穎達等，《周易正義》，十三經注疏本，臺北：藝文印書館，1982年。

孔穎達等，《尚書正義》，十三經注疏本，臺北：藝文印書館，1982年。

文崇一，《中國人的價值觀》，臺北：東大圖書公司，1989 年。

日稱等譯，《父子合集經》，《大正藏》卷 11，臺北：新文豐出版公司，1974 年。

王充，《論衡》，新編諸子集成本，臺北：世界書局，1978 年。

王先慎，《韓非子集解》，新編諸子集成本，臺北：世界書局，1978年。

王先謙，《荀子集解》，新編諸子集成本，臺北：世界書局，1978 年。

王先謙，《莊子集解》，新編諸子集成本，臺北：世界書局，1978 年。

王竹語，《尋找一首詩》，臺中：好讀出版公司，2009 年。

王弼，《老子道德經注》，新編諸子集成本，臺北：世界書局，1978年。

王順民，《宗教福利》，臺北：亞太圖書出版社，1999 年。

王萬象主編，《紅樓夢新視野》，臺北：里仁書局，2015 年。

司馬遷，《史記》，臺北：鼎文書局，1979 年。

田茜等，《十個人的北京城》，臺北：高談文化公司，2004 年。

白雲觀長春真人編纂，《黃帝內經素問》，《正統道藏》第 35 冊，臺
　　北：新文豐出版公司，1995 年。

成中英，《科學真理與人類價值》，臺北：三民書局，1979 年。

朱錦忠，《環境生態學》，臺北：新文京開發出版公司，2003 年。

辻原康夫，《服飾的世界地圖》（余秋菊譯），臺北：玉山社出版公司，
　　2006 年。

何新，《1995 年。舊金山會議秘密決議：消滅「劣等人種」》，新北：
　　人類智庫數位科技公司，2012 年。

余秋雨，《君子之道》，臺北：遠見天下文化出版公司，2015 年。

余英時，《中國知識階層史論（古代篇）》，臺北：聯經出版公司，1984
　　年。

吳汝鈞，《佛教的概念與方法》，臺北：臺灣商務印書館，1988 年。

吳思，《潛規則：中國歷史上的進退遊戲》，臺北：究竟出版公司，
　　2009 年。

吳錫德，《法國製造：法國文化關鍵詞 100》，臺北：麥田出版社，
　　2010 年。

呂大吉主編，《宗教學通論》，臺北：博遠出版公司，1993 年。

呂亞力，《政治學方法論》，臺北：三民書局，1991 年。

李宗桂，《文化批判與文化重構——中國文化出路探討》，西安：陝
　　西人民出版社，1992 年。

李國文，《文人遭遇皇帝》，臺北：御書房出版公司，2007 年。

李善等，《增補六臣注文選》，臺北：華正書局，1979 年。

李霖燦，《西湖雪山故人情》，臺北：雄獅圖書公司，1991 年。

汪修榮，《民國風流》，新北：新潮社文化公司，2011 年。

伽梵達摩譯，《大悲心陀羅尼經》，《大正藏》卷 20，臺北：新文豐出版公司，1974 年。

沈清松，《解除世界魔咒——科技對文化的衝擊與展望》，臺北：時報文化出版公司，1986 年。

沈清松編，《中國人的價值觀——人文學觀點》，臺北：桂冠圖書公司，1993 年。

邢昺，《論語注疏》，十三經注疏本，臺北：藝文印書館，1982 年。

周敦頤，《周子全書》，臺北：臺灣商務印書館，1978 年。

周慶華，《臺灣文學與「臺灣文學」》，臺北：生智文化公司，1997年。

周慶華，《語言文化學》，臺北：生智文化公司，1997 年。

周慶華，《新時代的宗教》，臺北：揚智文化公司，1999 年。

周慶華，《中國符號學》，臺北：揚智文化公司，2000 年。

周慶華，《文苑馳走》，臺北：文史哲出版社，2000 年。

周慶華，《後宗教學》，臺北：五南圖書出版公司，2001 年。

周慶華，《死亡學》，臺北：五南圖書出版公司，2002 年。

周慶華，《閱讀社會學》，臺北：揚智文化公司，2003 年。

周慶華，《後佛學》，臺北：里仁書局，2004 年。

周慶華，《身體權力學》，臺北：弘智文化公司，2005 年。

周慶華，《靈異學》，臺北：洪業文化公司，2006 年。

周慶華，《走訪哲學後花園》，臺北：三民書局，2007 年。

周慶華，《紅樓搖夢》，臺北：里仁書局，2007 年。

周慶華，《語文教學方法》，臺北：里仁書局，2007 年。

周慶華，《從通識教育到語文教育》，臺北：秀威資訊科技公司，2008年。

周慶華，《轉傳統為開新——另眼看待漢文化》，臺北：秀威資訊科

技公司，2008 年。

周慶華，《文學詮釋學》，臺北：里仁書局，2009 年。

周慶華，《反全球化的新語境》，臺北：秀威資訊科技公司，2010 年。

周慶華，《文學概論》，新北：揚智文化公司，2011 年。

周慶華，《生態災難與靈療》，臺北：五南圖書出版公司，2011 年。

周慶華，《語文符號學》，上海：東方出版中心，2011 年。

周慶華，《文化治療》，臺北：五南圖書出版公司，2012 年。

周慶華，《華語文文化教學》，新北：揚智文化公司，2012 年。

周慶華，《文學經理學》，臺北：五南圖書出版公司，2016 年。

周慶華，《走上學術這條不歸路》，新北：生智文化公司，2016 年。

周慶華，《解脫的智慧》，臺北：華志文化公司，2017 年。

周慶華，《文學動起來——一個應時文創的新藍圖》，臺北：秀威資
訊科技公司，2017 年。

周慶華，〈郁郁乎文君子 VS.鄙野小人——中國傳統氣化觀型文化的
一個爭勝點〉，刊於《孔孟月刊》第 55 卷第 9、10 期，2017 年。

周慶華，〈應然義 VS.實然利——中國傳統氣化觀型文化的一個揮擊
點〉，刊於《孔孟月刊》第 56 卷第 3、4 期，2017 年。

周慶華，《走出新詩銅像國》，臺北：華志文化公司，2019 年。

岳友熙，《生態環境美學》，北京：人民出版社，2007 年。

林天民，《基督教與現代世界》，臺北：臺灣商務印書館，1944 年。

邵玉銘編，《理念與實踐——當前國內文化發展之檢討與展望研討會
論文集》，臺北：聯經出版公司，1994 年。

金耀基，《從傳統到現代》，臺北：時報文化出版公司，1997 年。

俞劍華編，《中國畫論叢編》，臺北：華正書局，1984 年。

柯雄文，《君子與禮：儒家美德倫理學與處理衝突的藝術》（李彥儀
譯），臺北：國立臺灣大學出版中心，2017 年。

香港聖經公會,《聖經》,新標點和合本,香港:香港聖經公會,1996
　　年。

唐君毅,《哲學概論》,臺北:學生書局,1989年。

唐風,《新能源戰爭》,臺北:大地出版社,2009年。

孫詒讓,《墨子閒詁》,新編諸子集成本,臺北:世界書局,1983年。

孫奭,《孟子注疏》,十三經注疏本,臺北:藝文印書館,1982年。

徐少知,《儒林外史新注》,臺北:里仁書局,2010年。

殷海光,《中國文化的展望》,臺北:活泉書店,1979年。

殷登國,《月──中國古代春宮秘戲圖講》,臺北:秀威資訊科技公
　　司,2016年。

班固,《漢書》,臺北:鼎文書局,1979年。

高誘,《呂氏春秋注》,新編諸子集成本,臺北:世界書局,1978年。

海野弘,《祕密結社的世界史》(黃靜儀譯),臺北:麥田出版公司,
　　2011年。

馮其庸等,《紅樓夢校注》,臺北:里仁書局,2000年。

張法,《美學導論》,臺北:五南圖書出版公司,2004年。

張堂錡主編,《拿到博士的那一天》,臺北:幼獅文化公司,1995年。

張湛,《列子注》,新編諸子集成本,臺北:世界書局,1978年。

張程,《衙門口:為官中國千年。史》,臺北:遠流出版公司,2013
　　年。

張載,《張子全書》,臺北:臺灣商務印書館,1979年。

張潮,《幽夢影》(周慶華導讀),臺北:金楓出版社,1990年。

陳秉璋等,《邁向現代化》,臺北:桂冠圖書公司,1988年。

陳秉璋,《社會學方法論》,臺北:環球書局,1989年。

陳秉璋,《道德規範與倫理價值》,臺北:國家政策研究資料中心,
　　1990年。

陳秉璋等，《價值社會學》，臺北：桂冠圖書公司，1990年。

傅佩榮，《我看哲學——心靈世界的開拓》，臺北：業強出版社，1989年。

傅偉勳，《從創造的詮釋學到大乘佛學——「哲學與宗教」四集》，臺北：東大圖書公司，1990年。

揚雄，《法言》，新編諸子集成本，臺北：世界書局，1978年。

曾航，《iPhone 苦・悶・臺灣》，新北：人類智庫數位科技公司，2012年。

焦桐主編，《味覺的土風舞：「飲食文學與文化國際學術研討會」論文集》，臺北：二魚文化公司，2009年。

程發軔，《國學概論（上冊）》，臺北：國立編譯館，1978年。

辜振豐，《時尚考——流行知識的歷史秘密》，臺北：果實出版公司，2004年。

辜鴻銘，《中國人的精神》，臺北：稻田出版公司，1999年。

黃文山，《文化學體系》，臺北：中華書局，1986年。

黃宗羲，《明儒學案》，臺北：華世出版社，1987年。

黃慶明，《實然應然問題探微》，臺北：鵝湖出版社，1985年。

黑格爾，《精神現象學》（先剛譯），北京：人民出版社，2013年。

楊子忱，《鬼才金聖嘆》，臺北：遠流出版公司，2006年。

葉霞翟，《天地悠悠》，臺北：幼獅文化公司，2013年。

董仲舒，《春秋繁露》，增訂漢魏叢書本，臺北：大化書局，1988年。

詹丹，《紅樓情榜》，臺北：時報文化出版公司，2004年。

臺大哲學系主編，《當代西方哲學與方法論》，臺北：東大圖書公司，1988年。

趙雅博，《中西文化的新出路》，臺北：臺灣商務印書館，1975年。

劉向，《說苑》，增訂漢魏叢書本，臺北：大化書局，1988年。

劉劭,《人物志》,新編諸子集成本,臺北:世界書局,1978 年。

劉昌元,《西方美學導論》,臺北:聯經出版公司,1987 年。

劉昫等,《舊唐書》,臺北:鼎文書局,1979 年。

劉福增主編,《羅素論中西文化》(胡品清譯),臺北:水牛出版社,
　　1988 年。

潘世墨等,《現代社會中的科學》,臺北:淑馨出版社,1995 年。

蔡東杰,《民主的全球旅程——從歐洲走向世界》,臺北:五南圖書
　　出版公司,2009 年。

鄭玄,《易緯乾鑿度注》,臺北:老古文化公司,1981 年。

黎明文化公司編輯部編,《王陽明傳習錄及大學問》,臺北:黎明文
　　化公司,1988 年。

曇無讖譯,《大般涅槃經》,《大正藏》卷 12,臺北:新文豐出版公
　　司,1974 年。

蕭曦清,《英國人入門》,臺北:博雅書屋公司,2013 年。

戴德,《大戴禮記》,增訂漢魏叢書本,臺北:大化書局,1988 年。

韓嬰,《韓詩外傳》,增訂漢魏叢書本,臺北:大化書局,1988 年。

瞿曇僧伽提婆譯,《增壹阿含經》,《大正藏》卷 2,臺北:新文豐出
　　版公司,1974 年。

聶作平,《皇帝不可愛,國家怎麼辦》,臺北:遠流出版公司,2013
　　年。

凡得來恩(Sim Van der Ryn)等,《生態設計學:讓地球永續的創意
　　法則》(郭彥銘譯),臺北:馬可孛羅文化公司,2009 年。

凡爾納(Jules Verne),《環遊世界八十天》(顏湘如譯),臺北:臺
　　灣商務印書館,2002 年。

小高(Marte K. Galtung)等,《被扭曲的中國:誤導全世界的 49 個
　　迷思》(吳國卿譯),臺北:聯經出版公司,2016 年。

山德勒（Auden Schendler），《綠能經濟學——企業與環境雙贏法則》
　　（洪世民譯），臺北：繁星多媒體公司，2010 年。

丹納（Hippolyte-Adolphe Taine），《藝術哲學》（傅雷譯），臺中：好
　　讀出版公司，2004 年。

巴伯拉（Robert J. Barbera），《資本主義的代價：後危機時代的經濟
　　新思維》（陳儀譯），臺北：麥格羅・希爾國際公司，2009 年。

巴克（Chris Barker），《文化研究——理論與實踐》（羅世宏譯），臺
　　北：五南圖書出版公司，2004 年。

巴金漢（Susan Buckingham）等，《理解環境議題》（蔡依舫譯），臺
　　北：韋伯文化國際出版公司，2010 年。

巴洛（Maude Barlow），《水資源戰爭：揭露跨國企業壟斷世界水資
　　源的真實內幕》（張岳等譯），臺北：高寶國際公司，2011 年。

方迪啓（Risieri Frondizi），《價值是什麼——價值學導論》（黃藿譯），
　　臺北：聯經出版公司，1988 年。

包曼（Zygmunt Bauman），《液態之愛》（何定照等譯），臺北：商周
　　出版社，2007 年。

包曼（Zygmunt Bauman），《廢棄社會：過剩消費、無用人口，我們
　　都將淪爲現代化的報廢物》（谷蕾等譯），臺北：麥田出版社，
　　2018 年。

包爾生（Friedrich Paulsen），《倫理學體系》（何懷宏等譯），北京：
　　中國社會科學出版社，1997 年。

卡尼（Scott Carney），《人體交易：探尋全球器官掮客、骨頭小偷、
　　血液農夫和兒童販子的踪跡》（姚怡平譯），臺北：麥田出版社，
　　2012 年。

卡洛普（Fred Krupp）等，《大契機：21 世紀綠能新經濟》（黎湛平
　　譯），新北：木馬文化公司，2010 年。

史匹柏（Nathan Spielberg）等，《宇宙觀革命》（張啓陽譯），臺北：
　　年。輪文化公司，2004 年。

史旭瑞特（Tony Schirato）等，《全球化觀念與未來》（游美齡等譯），
　　新北：韋伯文化國際公司，2009 年。

史美舍（Neil J. Smelser），《社會學》（陳光中等譯），臺北：桂冠圖
　　書公司，1991 年。

史密斯（Adam Smith），《道德情感論》（謝林宗譯），臺北：五南圖
　　書出版公司，2007 年。

史賓格勒（Oswald Spengler），《西方的沒落》（陳曉林譯），臺北：
　　桂冠圖書公司，1985 年。

尼布爾（Reinhold Niebuhr），《基督教倫理學詮釋》（關勝渝等譯），
　　臺北：桂冠圖書公司，1992 年。

布倫南（Jason Brennan），《反民主：選票失能、理性失調，反思最
　　神聖制度的狂亂與神話！》（劉維人譯），新北：聯經出版公司，
　　2018 年。

布萊恩（Mark Blyth），《大緊縮：人類史上最危險的觀念》（陳重亨
　　譯），臺北：聯經出版公司，2014 年。

布雷特（Philip Plait），《世界末日的九種可能》（李志濤等譯），臺北：
　　五南圖書出版公司，2016 年。

布魯姆（Harold Bloom），《影響的焦慮——詩歌理論》（徐文博譯），
　　臺北：久大文化公司，1990 年。

布魯瑪（Ian Buruma）等，《西方主義：敵人眼中的西方》（林錚顗
　　譯），臺北：博雅書屋公司，2010 年。

弗格森（Niall Ferguson），《文明：決定人類走向的六大殺手級 Apps》
　　（黃煜文譯），臺北：聯經出版公司，2013 年。

弗格森（Niall Ferguson），《西方文明的 4 個黑盒子》（黃中憲譯），

臺北：聯經出版公司，2013 年。

皮柏（Josef Pieper），《閒暇：文化的基礎》（劉森堯譯），新北：立緒文化公司，2003 年。

吉普妮斯（Laura Kipnis），《反對愛情：那些外遇者教我的事》（李根芳譯），臺北：行人文化實驗室，2010 年。

安東吉亞凡尼（Nicholas Antongiavanni），《魔力西裝：向上晉升的品味穿著》（宋東譯），臺北：天下雜誌公司，2007 年。

米塞斯（Ludwig von Mises），《反資本主義者的心境》（謝宗林譯），臺北：五南圖書出版公司，2018 年。

考斯基馬（Raine Koskimaa），《數字文學：從文本到超文本及其超越》（單小曦等譯），桂林：廣西師範大學出版社，2011 年。

艾柯（Umberto Eco）等，《詮釋與過度詮釋》（王宇根譯），北京：三聯書店，1997 年。

艾爾扎維克（Aleš Erjavec），《後現代主義的鐮刀：晚期社會主義的藝術文化》（楊佩芸譯），臺北：典藏藝術家庭公司，2009 年。

西洛瑟（Eric Schlosser），《大麻·草莓園·色情王國》（張美惠譯），臺北：時報文化出版公司，2005 年。

伽達瑪（Hans-Georg Gadamer），《真理與方法》（洪漢鼎譯），北京：商務印書館，2007 年。

佛里曼（Thomas L. Friedman），《謝謝你遲到了：一個樂觀主義者在加速時代的繁榮指引》（廖月娟等譯），臺北：遠見天下文化出版公司，2017 年。

克羅斯（Timothy P. Cross），《課程秩序的綠洲：哥倫比亞學院的核心課程》（謝明珊譯），新北：韋伯文化國際出版公司，2009 年。

呂格爾（Paul Ricoeur），《詮釋的衝突》（林宏濤譯），臺北：桂冠圖書公司，1995 年。

希布魯克（Jeremy Seabrook），《階級——揭穿社會標籤迷思》（譚天譯），臺北：書林出版公司，2002 年。

希鈞斯（Christopher Hitchens），《上帝沒什麼了不起：揭露宗教中的邪惡力量》（劉永毅譯），臺北：小異出版社，2009 年。

李威斯（Jeff Lewis），《文化研究的基礎》（邱誌勇等譯），臺北：韋伯文化國際出版公司，2005 年。

李柏（Stephen Leeb），《石油玩完了》（林錦慧等譯），臺北：時報文化出版公司，2009 年。

李曼（Howard F. Lyman）等，《紅色牧人的綠色旅程》（陳師蘭譯），臺北：柿子文化公司，2010 年。

貝爾納普（Robert L. Belknap）等，《傳統與創新：大學的通識教育與再整合》（謝明珊譯），新北：韋伯文化國際出版公司，2009 年。

亞里士多德（Aristotle），《形而上學》（李真譯），臺北：正中書局，1999 年。

奈伊（Joseph S. Nye），《權力大未來：軍事力、經濟力、網路力、巧實力的全球主導》（李靜宜譯），臺北：天下遠見出版公司，2011 年。

帕特爾（Raj Patel），《糧食戰爭》（葉家興等譯），臺北：高寶國際公司，2009 年。

杭士基（Noam Chomsky）著、巴薩米安（David Barsamian）訪談，《美國說了算：談論世局變化中的美國強權》（李中文譯），臺北：博雅書屋公司，2010 年。

杭亭頓（Samuel P. Huntington），《文明的衝突與世界秩序的重建》（黃裕美譯），臺北：聯經出版公司，1997 年。

波拉克（Henry Pollack），《無冰的世界》（呂孟娟譯），臺北：日月

文化出版公司，2010 年。

金偉燦（W. Chan Kim）等，《藍海策略：開創無人競爭的全新市場》（黃秀媛譯），臺北：天下遠見出版公司，2009 年。

阿姆斯壯（John Armstrong），《愛情的條件——親密關係的哲學》（邵宗瑩譯），臺北：麥田出版社，2009 年。

阿德勒（Mortimer J. Adler），《六大觀念》（劉遐齡譯），臺北：國立編譯館，1986 年。

馬丁（Peter N. Martin），《歷史上的投機事業》（許可達譯），新北：左岸文化公司，2007 年。

哈維（David Harvey），《新帝國主義》（王志弘等譯），臺北：羣學出版公司，2008 年。

威廉斯（Bernard Williams），《柏拉圖》（何畫瑰譯），臺北：麥田出版公司，2000 年。

威廉斯（Gervais Williams），《當全球化停止轉動》（劉復苓譯），臺北：大是文化公司，2017 年。

威爾森（Bee Wilson），《美味詐欺：黑心食品三百年。》（周繼嵐譯），新北：八旗文化公司，2012 年。

施奈爾（Bruce Schneier），《隱形帝國：誰控制大數據，誰就控制你的世界》（韓沁林譯），臺北：如果出版社，2016 年。

施密特（Alvin J. Schmidt），《基督教對文明的影響》（汪曉丹等譯），臺北：雅歌出版社，2006 年。

柏克曼（John Brockman）編著，《這個觀念該淘汰了：頂尖專家們認為會妨礙科學發展的理論》（章瑋譯），臺北：商周出版社，2016 年。

柏狄克（Alan Burdick），《回不去的伊甸園——直擊生物多樣性的危機》（林玲俐譯），臺北：商周出版社，2008 年。

柏拉圖（Plato），《柏拉圖理想國》（侯健譯），臺北：聯經出版公司，1989 年。

柯爾（Clark Kerr），《大學的功用》（楊雅婷譯），新北：韋伯文化國際出版公司，2009 年。

科文（Tyler Cowen），《達蜜經濟學：.me.me.me…在網路上，我們用自己的故事，正在改變未來》（陳正芬譯），臺北：經濟新潮社，2010 年。

科藍茲克（Joshua Kurlantzick），《民主在退潮：民主還會讓我們的世界變得更好嗎？》（湯錦台譯），臺北：如果出版社，2015 年。

范伯倫（Thorstein Veblen），《有閒階級論》（李華夏譯），臺北：左岸文化公司，2007 年。

迪威特（Richard DeWitt），《世界觀：現代年。輕人必懂的科學哲學和科學史》（唐澄暐譯），新北：夏日出版社，2015 年。

韋伯（Max Weber），《新教倫理與資本主義精神》（于曉等譯），臺北：谷風出版社，1988 年。

修爾（Juliet B. Schor），《新富餘：人類未來 20 年。的生活新路徑》（陳琇玲譯），臺北：商周出版社，2010 年。

唐斯（Larry Downes）等，《大爆炸創新：在更好、更便宜的世界中成功競爭》（羅耀宗譯），臺北：遠見天下文化出版公司，2015 年。

朗西曼（David Runciman），《民主會怎樣結束》（梁永安譯），新北：立緒文化公司，2019 年。

埃斯卡皮（Robert Escarpit），《文學社會學》（葉淑燕譯），臺北：遠流出版公司，1990 年。

拿波里奧尼（Loretta Napoleoni），《流民經濟：資本主義的黑暗與泥沼》（秦嶺譯），臺北：博雅書屋公司，2012 年。

格茲莫考斯基（Eric Grzymkowski），《這些話，爲什麼這麼有哏？
　　——名人毒舌語錄 1200 句》（王定春譯），臺北：本事出版社，
　　2015 年。

泰特薩（Ian Tattersall），《終極演化：人類的起源與結局》（孟祥森
　　譯），臺北：先覺出版公司，1999 年。

海頓（Gary Hayden），《離經叛道的哲學大冒險》（邱振訓譯），新北：
　　立緒文化公司，2016 年。

海德格（Martin Heidegger），《存在與時間》（王慶節等譯），臺北：
　　久大文化公司等，1993 年。

涅索托（Nicole Gnesotto）等，《2025 年，你的世界會是什麼樣子？》
　　（范煒煒譯），臺北：高寶國際公司，2012 年。

索羅斯比（David Throsby），《文化經濟學》（張維倫等譯），臺北：
　　典藏藝術家庭公司，2003 年。

高曼（Daniel Goleman），《綠色 EQ》（張美惠譯），臺北：時報文化
　　出版公司，2010 年。

康斯勒（James H. Kunstler），《沒有石油的明天：能源枯竭的全球化
　　衝擊》（郭恆祺譯），臺北：商周出版社，2007 年。

康德（Immanuel Kant），《判斷力批判》（宗白華等譯），臺北：滄浪
　　出版社，1986 年。

康德（Immanuel Kant），《實踐理性批判》（鄧曉芒譯），北京：人民
　　出版社，2004 年。

梅克勒（Heidrun Merkle），《饗宴的歷史》（薛文瑜譯），臺北：左岸
　　文化公司，2004 年。

梭蒙（Wesley C. Salmon），《邏輯》（何秀煌譯），臺北：三民書局，
　　1987 年。

梭羅（Lester C. Thurow），《知識經濟時代》（齊思賢譯），臺北：時

報文化出版公司，2000 年。

笛卡耳（René Descartes），《方法導論・沈思錄》（錢志純等譯），臺北：志文出版社，1989 年。

荷曼斯（George C. Homans），《社會科學的本質》（楊念祖譯），臺北：桂冠圖書公司，1987 年。

莒甘（Marc Dugain）等，《裸人：數位新獨裁的世紀密謀，你選擇自甘爲奴，還是突圍而出？》（翁德明譯），臺北：麥田出版社，2018 年。

麥考爾（Joel Makower），《綠經濟：提升獲利的綠色企業策略》（曾沁音譯），臺北：麥格羅・希爾國際公司，2010 年。

麥克邁克爾（Tony McMichael），《人類浩劫——失衡生態的反噬》（王新雨譯），臺北：臺灣商務印書館，2007 年。

麥奇本（Bill Mckibben），《地球・地殊：如何在質變的地球上生存？》（曾育慧譯），臺北：高寶國際公司，2011 年。

喬姆斯基（Noam Chomsky），《9-11》（丁連財譯），臺北：大塊文化出版公司，2002 年。

喬姆斯基（Noam Chomsky），《恐怖主義文化》（林佑聖等譯），臺北：弘智文化公司，2003 年。

寒哲（L. James Hammond），《西方思想抒寫》（胡亞非譯），新北：立緒文化公司，2001 年。

普列希特（Richard D. Precht），《我是誰？——如果有我，有幾個我？》（錢俊宇譯），臺北：啓示出版公司，2010 年。

普倫德（John Plender），《資本主義：金錢、道德與市場》（陳儀譯），臺北：聯經出版公司，2017 年。

渥厄（Patricia Waugh），《後設小說——自我意識小說的理論與實踐》（錢競等譯），臺北：駱駝出版社，1995 年。

湯恩比（Arnold J. Toynbee），《歷史研究》（陳曉林譯），臺北：桂冠
　　圖書公司，1984 年。

華特斯（Malcolm Waters），《全球化》（徐偉傑譯），臺北：弘智文
　　化公司，2000 年。

萊克（Robert B. Reich），《拯救資本主義：在大翻轉年。代，照顧多
　　數人的福利，不是少數者的財富》（周徵譯），臺北：聯經出版
　　公司，2017 年。

萊特（Ronald Wright），《失控的進步》（達娃譯），臺北：野人文化
　　公司，2007 年。

費南德茲－阿梅斯托（Felipe Fernández-Armesto），《食物的歷史——
　　—透視人類的飲食與文明》（韓良憶譯），臺北：左岸文化公司，
　　2007 年。

瑞奇（Robert B. Reich），《超級資本主義：透視中產階級消失的真相》
　　（李芳齡譯），臺北：天下雜誌公司，2008 年。

葛馬萬（Pankaj Ghemawat），《1/10 與 4 之間：半全球化時代》（胡
　　瑋珊譯），臺北：大塊文化出版公司，2009 年。

詹姆斯（William James），《宗教經驗之種種》（蔡怡佳等譯），新北：
　　立緒文化公司，2004 年。

賈勒德納（Juan P. Cardenal）等，《中國悄悄佔領全世界》（譚家瑜
　　譯），臺北：聯經出版公司，2013 年。

賈德納（Dan Gardner），《販賣恐懼：脫軌的風險判斷》（李靜怡等
　　譯），臺北：博雅書屋公司，2009 年。

路易士（C.S.Lewis），《反璞歸真——純粹的基督教》（汪詠梅譯），
　　臺北：五南圖書出版公司，2016 年。

道博斯（Richard Dobbs）等，《非典型破壞：西方不認識、資源大
　　轉移的四個新世界顛覆力量》（盧佳宜譯），臺北：大寫出版社，

2016 年。

雷夫金（Jeremy Rifkin），《能趨疲：新世界觀——二十一世紀人類文明的新曙光》（蔡伸章譯），臺北：志文出版社，1988 年。

福斯特（Hal Foster）主編，《反美學：後現代文化論集》（呂健忠譯），臺北：立緒文化公司，1998 年。

維葉特（Michel Villette）等，《偉大的企業家都嗜血？從掠食者到商場英雄的成功之道大揭密》（洪世民譯），臺北：財信出版公司，2010 年。

蓋伊（Peter Gay），《現代主義：異端的誘惑》（梁永安譯），新北：立緒文化公司，2009 年。

赫爾曼（Ulrike Herrmann），《資本主義的世界史：財富那裏來？經濟成長、貨幣與危機的歷史》（賴雅靜譯），新北：遠足文化公司，2018 年。

赫爾德（David Held）等，《全球化與反全球化》（林佑聖等譯），臺北：弘智文化公司，2005 年。

德沃金（Ronald Dworkin），《沒有神的宗教》（梁永安譯），新北：立緒文化公司，2016 年。

慕孚（Chantal Mouffe），《民主的弔詭》（林淑芬譯），臺北：巨流圖書公司，2005 年。

歐文（Denis Owen），《生態學的第一堂課》（蔡伸章譯），臺北：書泉出版社，2006 年。

歐尼爾（Cathy O'Neil），《大數據的傲慢與偏見：一個「圈內數學家」對演算法霸權的警告與揭發》（許瑞宋譯），臺北：大寫出版社，2017 年。

歐肯（Arthur M. Okun），《平等與效率：最基礎的一堂政治經濟學》（許晉福等譯），臺北：經濟新潮社，2017 年。

歐蕾斯柯斯（Naomi Oreskes）等，《西方文明的崩潰：氣候變遷，人類會有怎樣的未來？》（陳正芬譯），臺北：經濟新潮社，2016年。

穆勒（John S. Mill），《功利主義》（唐鉞譯），北京：商務印書館，1962年。

盧米斯（Erik Loomis），《外包災難：揭穿大剝削時代商品與服務背後的真相，透視資本詭計的高 CP 值迷思》（陳義仁譯），臺北：漫遊者文化出版公司，2017年。

諾齊克（Robert Nozick），《無政府、國家與烏托邦》（何懷宏等譯），北京：中國社會科學出版社，1991年。

霍布斯邦（Eric Hobsbawm）等，《被發明的傳統》（陳思仁譯），臺北：貓頭鷹出版社，2002年。

霍金（Stephen Hawking）編，《站在巨人肩上》（張卜天等譯），臺北：大塊文化出版公司，2005年。

霍爾特（Jim Holt），《世界為何存在？》（陳宏信譯），臺北：大塊文化出版公司，2016年。

戴爾瑪（Claude Delmas），《歐洲文明》（吳錫德譯），臺北：遠流出版公司，1994年。

戴蒙（Jared Diamond），《大崩壞：人類社會的明天？》（廖月娟譯），臺北：時報文化出版公司，2006年。

謝平（Steven Shapin），《科學革命：一段不存在的歷史》（許宏彬等譯），臺北：左岸文化公司，2010年。

韓哲（L.James Hammond），《西方思想抒寫》（胡亞非譯），新北：立緒文化公司，2001年。

簡克斯（Chris Jenks），《文化》（俞智敏等譯），臺北：巨流圖書公司，1998年。

魏明德（Benoît Vermander），《新軸心時代》（楊麗貞等譯），臺北：利氏文化公司，2006 年。

魏特罕（Margaret Wertheim），《空間地圖：從但丁的空間到網路的空間》（薛絢譯），臺北：臺灣商務印書館，2000 年。

瓊斯（Van Jones），《綠領經濟：下一波景氣大復甦的新動力》（鄭詠澤等譯），新北：野人文化公司，2010 年。

羅斯（Ariel A. Roth），《上帝，給你科學不能解決的奧秘！》（曹宇鋒譯），臺北：時兆出版社，2014 年。

羅斯頓三世（Holmes Rolston, Ⅲ），《環境倫理學：對自然界的義務與自然界的價值》（王瑞香譯），臺北：國立編譯館，1996 年。

羅爾斯（John B. Rawls），《正義論》（何懷宏等譯），北京：中國社會科學出版社，1988 年。

龐登（Dick Pountain）等，《酷派當家》（李佳純譯），臺北：商周出版社，2005 年。

國家圖書館出版品預行編目（CIP）資料

跟君子有約：在全球化風險中找出路 /
周慶華著 .-- 初版 .-- 臺北市：華志文化，
2020.01 面；　公分 .--（後全球化思潮；2）
ISBN 978-986-98313-2-1（平裝）

1. 道德 2. 修身 3. 中國文化
199　　　　　　　　　　　108020312

華志文化事業有限公司

系列／後全球化思潮02
書名／跟君子有約：在全球化風險中找出路

作　　者／周慶華
執行編輯／簡煜哲
美術編輯／楊雅婷
封面設計／王志強
文字校對／陳欣欣
企劃執行／張淑芬
總　　編／黃志中
社　　長／楊凱翔
出　版　者／華志文化事業有限公司
電子信箱／huachihbook@yahoo.com.tw
地　　址／116台北市文山區興隆路四段九十六巷三弄六號四樓
電　　話／0937075060

總　經　銷／旭昇圖書有限公司
地　　址／235新北市中和區中山路二段三五二號二樓
電　　話／02-22451480
傳　　真／02-22451479
郵政劃撥／戶名：旭昇圖書有限公司（帳號：12935041）

出版日期／西元二〇二〇年一月初版第一刷
版權所有　禁止翻印　Printed In Taiwan
書號／G402

華志文化